Hans Eppendorfer

Der Magnolienkaiser

Nachdenken über Yukio Mishima

Rowohlt

Dieses Buch widme ich dem Maler Thomas Hemstege,
meinem langjährigen Freund und Mitarbeiter,
ohne den es nie entstanden wäre.

Hans Eppendorfer

Veröffentlicht im Rowohlt Taschenbuch Verlag GmbH,
Reinbek bei Hamburg, Mai 1987
Copyright © 1984 by Verlag Vis-à-Vis, Berlin
Umschlagentwurf Werner Rebhuhn
(Foto von Yukio Mishima: Sven Simon)
Satz Garamond bei LibroSatz, Kriftel
Gesamtherstellung Clausen & Bosse, Leck
Printed in Germany
980-ISBN 3 499 15939 2

Inhalt

Blut, edle Kirschblüte

«Tokio, den 26. November», meldet eine Zeitung, «die frühe Wintersonne wirft den Schatten eines Fensterrahmens, die Konturen einer schweren Glasschale auf den Teppich. Papiere liegen verstreut auf dem Boden, der Hörer eines Telefons baumelt vor einer Pultwand in der Luft. Die helle Lackscheide eines alten Samuraischwerts, mit aufgelösten Zierschnüren, ragt ins Licht. Neben ihr zwei vom Rumpf getrennte Männerköpfe, die Stirnbänder mit Sonnenemblemen...» Das ist das Bild, das in der japanischen Morgenpresse Zeugnis ablegt vom rituellen Selbstmord des weltberühmten Schriftstellers Yukio Mishima und seines Freundes, Hissho Moritas, am 25. November 1970. Es ist der Anfang einer Legende.

«Fanatiker, Fantast, Faschist?»

«Magnolien blühn.
Doch um sie wie schwarzer Lack
der Himmel der Nacht –»
Seizaburo Miyake

Zwölf Jahre alt, veröffentlicht er seine ersten Gedichte in einer Schulzeitschrift. Fünfzehnjährig schreibt er folgendes Gedicht, das wie ein roter Faden auch seine späteren Werke durchzieht. Er hat es «Unheil» genannt:

«Abend für Abend stand ich am Fenster
und schaute aus nach Unerwartetem –
daß eine wilde Staubwolke des Schreckens
wie ein nächtlicher Regenbogen
sich von jenseits der Häuserfront heranschiebe.»

Yukio Mishima ist 24 Jahre alt, als ihn 1949 sein Roman «Geständnis einer Maske» mit einem Schlag in Japan berühmt macht. Es ist ein autobiographischer Roman, der mit einer Schlußszene endet, die den Leser nicht überrascht: Der Erzähler beobachtet einen jungen Mann und hat nur noch Augen für ihn, so daß er die Existenz des Mädchens neben ihm total vergißt. Kimitake Hiraoka wurde 1925 geboren. Sein Förderer und Japanischlehrer Shimizu verlangt nach einem Pseudonym für den jungen Schriftsteller, nachdem 1944 seine erste Erzählung erschienen ist: «Hanazakri no mori – Der blühende Wald». Hiraoka selbst kommt auf den Namen «Mishima», was soviel bedeutet wie «Drei Inseln» und sich auf eine berühmte Gegend bezieht, von der man besonders gut den schneebedeckten Gipfel des Fuji-yama sehen kann. Shimizu kommt dann auf den Namen Yukio, was, von dem Wort «Yuki» abgeleitet, Schnee bedeutet. Nur die Schriftzeichen sind ungewöhnlich, sie sind klassisch-romantisch. Von da an tritt Hiraoka nur noch als Mishima auf, so daß die meisten Menschen bald nicht mehr wissen, daß es sich um ein Pseudonym handelt. Mishima ist ein schwaches, kränkelndes Kind. Im Zimmer seiner kranken, die ganze Familie beherrschenden Großmutter wächst er auf. Allein und isoliert vom alltäglichen Leben auf der Straße. Mit Jungen darf er nicht spielen, denn die sind «zu wild und ungebärdig», behauptet seine Großmutter und lädt hin und wieder einige Mädchen zum Tee ins Haus. Früh lernt Mishima Lesen und Schreiben, eingesperrt in einem Zimmer, in dem absolute Stille zu herrschen hat. Seine Einsamkeit macht ihn belesen, immer wißbegieriger. Er liest Radiguet, Wilde, Tanizaki, Gide, Thomas Mann und Rilke. Früh erfährt er, daß ihn nackte, kräftige und schweißige Männerkörper erregen. Körper von Männern, die draußen in jener Welt leben und arbeiten, die dem Jungen verboten ist. «Der Latrinenreiniger, die Jungfrau von Orleans, der Schweißgeruch der Soldaten, all das bildete einen Teil des Vorspiels zu meinem Leben.» Er liest viel, schreibt selber und liebt Heldengeschichten. Er sieht sich Bilder an, auf denen Krieger mit Drachen kämpfen, und ist eines Tages furchtbar enttäuscht, als man ihm erklärt, daß auf einem seiner Lieblingsbilder der Ritter eine Frau ist: Jeanne d'Arc. Das, was die Helden für ihn so faszinierend macht, ist ihr Tod. Immer wieder malt sich der junge Mishima die blutigsten Tode für seine Helden aus, erst das qualvolle Leiden, der grausame Kampf verklärt die Sterbenden. Schon sehr früh entdeckt er seine Leidenschaft für «Tod und Nacht und Blut». Dann, älter

geworden, sieht er eines Tages eine Abbildung des «Heiligen Sebastian» von Guido Reni. Die Hände gekreuzt, über seinem Kopf gefesselt, ein Pfeil steckt ihm in der linken Achselhöhle – für Mishima einer der erotischsten Körperteile. Zwei weitere Pfeile stecken im Bauch und in der rechten Seite. Es fließt kein Blut, der Körper «vibriert vor Lust». Und doch ist der Heilige verwundet, ist sein Tod nahe. Dieses Bild erregt den Jungen dermaßen, daß er zum erstenmal masturbiert. Später auf der Schule verliebt er sich in seinen Mitschüler Omi, der in seiner körperlichen Entwicklung den Klassenkameraden voraus ist und von dem man sagt, daß «er ein großes Ding hat». Man kann davon ausgehen, daß ein junger Schriftsteller sich bei seinem ersten Roman ganz besonders persönlich engagiert. Und selbst wenn dieser Roman nicht so auffällig autobiographisch angelegt wäre, würde man erkennen, daß hier nicht ein fiktiver Erzähler spricht, sondern der 24jährige Mishima selber. Er genießt seinen Erfolg. In den folgenden Jahren treibt er sich in der Subkultur Tokios herum, distanziert und beobachtend, Material sammelnd für seinen nächsten Roman.

Hierbei erfährt der intelligente Mishima, noch immer schwächlich und unnatürlich blaß, die Ablehnung durch die von ihm übertrieben geliebten und bewunderten schönen Jünglinge. Natürlich ein Stachel im Fleisch eines Narziß. Sein Roman «Verbotene Farben» erscheint in zwei Teilen 1951 und 1953, er ist langatmig und wirkt verworren. Die Erkenntnis, daß das Gesetz der Mehrheit den Heterosexuellen immer grausam recht gibt, verletzt ihn sehr. Er beugt sich diesem Gesetz ohne Lust und Kraft, sich dagegen aufzulehnen. Nie wieder taucht in seinen folgenden Arbeiten ein klares, homosexuelles Thema auf, obwohl es überall immer wieder latent zu spüren ist.

Mishima gibt es auf, «zu gestehen», vorläufig jedenfalls. Auf Drängen seiner Familie (wie in Deutschland braucht auch in Japan «jeder anständige Mann eine Frau und eine Familie») und um nach außen hin endgültig zu beweisen, daß er nicht homosexuell sei, heiratet er 1958. «Vielleicht sollte ein Mensch, der das Festland haßt, für immer an Land bleiben. Denn die Entfremdung vom Land, auf den langen Schiffsreisen, bringen den Menschen dazu, vom Land zu träumen. Und so begeht er den absurden Fehler, sich nach etwas zu sehnen, was er verabscheut.»

Die Geschichte Mishimas ist auch die Geschichte Japans. In der Mitte des 19. Jahrhunderts erzwangen die westlichen Staaten die Öffnung des japanischen Marktes. Jahrhundertelang hatte Japan, von allen anderen Staaten isoliert, sein eigenes Leben geführt. In dieser Zeit wuchsen die Japaner, allen Standesunterschieden zum Trotz, noch enger zusammen und entwickelten ein eigenes Gefühl für ihre Kultur und ihre Traditionen. Dann kamen die «modernen, klugen Leute christlichen Glaubens» aus dem Westen, und es setzte eine tiefgreifende Umwandlung, selbstverständlich auch der Moral, ein. Wie oft schlugen die Eindringlinge entsetzt ihre Hände vor die Augen. Denn sie sahen große Phalli aus Stein vor den Eingängen zu den Dörfern, Bordelle, in denen Liebe und Sex nicht nur Geschäft, sondern auch Kunst und Kultur waren. Männer, die Männer und Knaben liebten, wilde Tempelorgien und reizvolle, erotische Bilderbücher, farbige Holzschnitte von der Hand und der Qualität eines Hokusai. Die Eindringlinge nahmen den Japanern schnell ihre sexuelle Freizügigkeit; die Japaner zerschlugen die Phalli, machten nur noch Geschäfte in den Bordellen und hörten auf, Männerliebe zu dulden. Als dann nach der Kapitulation 1945 die Coca-Cola-Kultur in Japan einmarschierte,

14

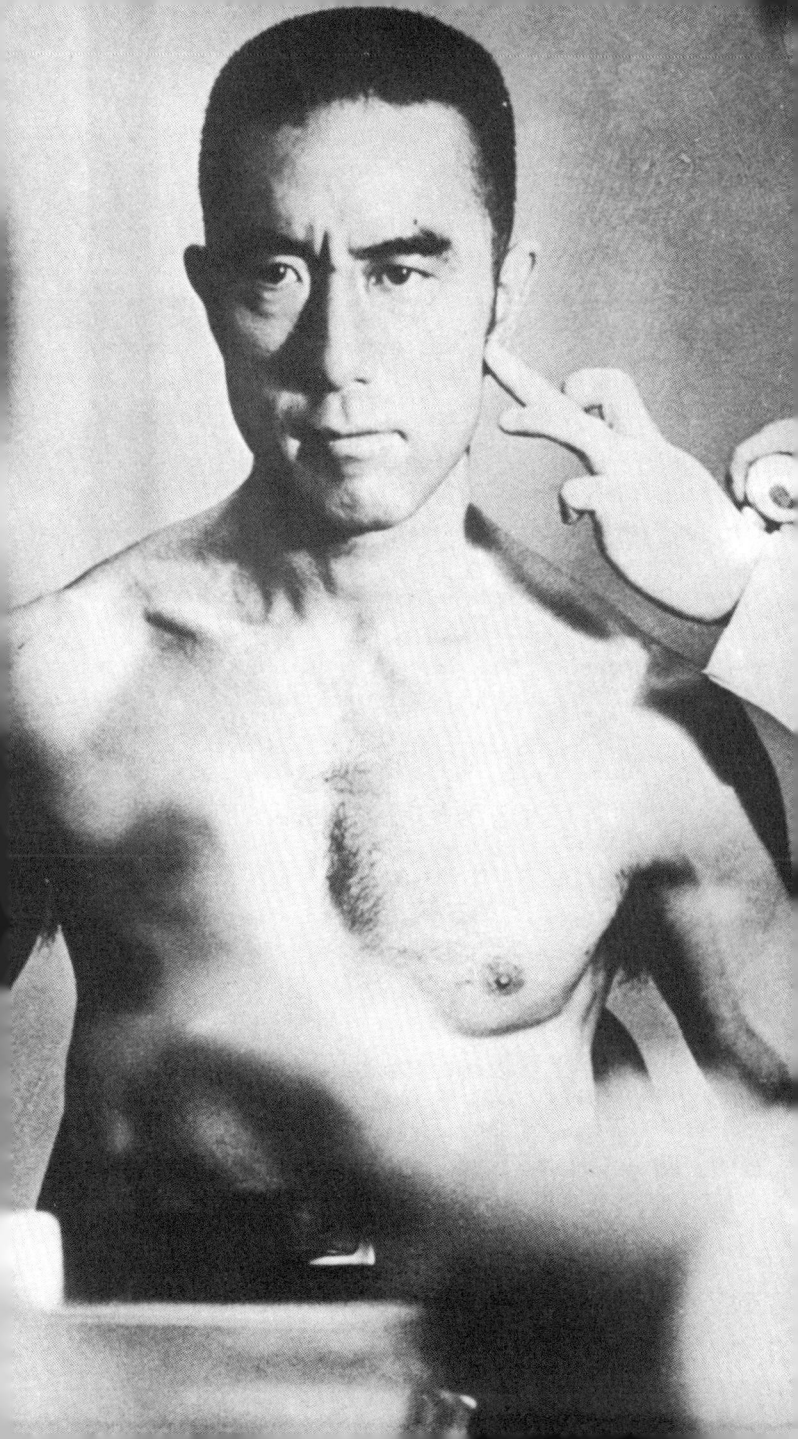

wurde dieser Prozeß noch beschleunigt. Eines der Opfer dieser tiefgreifenden Umwandlungen ist Mishima. Denn in der Nachkriegszeit, in der man den Amerikanern – jedenfalls nach außen hin – alles recht machen wollte, war es ihm, trotz eines mutigen Anfangs, nicht möglich, als Homosexueller zu leben. Die Zeit der homosexuellen Emanzipation sollte erst noch kommen. Auf den äußeren Druck hin besann sich Mishima auf die Vergangenheit und auf das, was wir uns unter dem idealen klassischen Griechenland vorstellen. Für ihn lag es zeitlich nicht so unendlich weit zurück. Ähnlich zu sein dem japanischen Mittelalter mit seinen ästhetischen Idealen, den todesmutigen, edlen Kriegern und seiner feinfühligen Homosexualität, die sich deutlich von der amerikanischen Subkultur abhob. Immer mehr fühlte er sich zu den Traditionen der Samurai hingezogen. Er begann mit einem intensiven Bodybuilding, um endlich sein blasses Äußeres seinem eigenen Schönheitsideal näherzubringen. Er studierte auch die klassischen Künste der Samurai: Schwertkampf, Kendo und Judo. Und beschäftigte sich, mit verbissenem Eifer und ungeheurer Disziplin, mit den höchsten Tugenden der Samurai: absolute Loyalität gegenüber dem japanischen Kaiser und völlige Todesverachtung. Andererseits eignete er sich großes Wissen über die westlichen Kulturen an, las die Bücher deutscher Philosophen und die wichtigsten Werke der amerikanischen Literatur. Ehrgeizig wie er war, hoffte er immer wieder auf den Nobelpreis und war sehr enttäuscht, als ihn 1968 sein Kollege und Freund Kawabata zugesprochen bekam.

Mishimas dichteste und prägnanteste Sätze stehen im Zusammenhang mit Schmerz, Lust und Tod. In jedem seiner Bücher tauchen Stellen auf, in denen Sinnlichkeit durch Blut zur Ekstase gesteigert wird. Mishimas eigene

Ästhetik lebt vom Schmerz und letztlich von der Zerstörung des Schönen. Zeitlebens mußte er sich den Vorwurf gefallen lassen, er idealisiere den Tod, ohne jemals selber Schmerz und Tod erfahren zu haben. Doch Mishima gestaltete seinen Tod in einer Art, die keine Zweifel offenließ.

Ende der 60er Jahre entstanden an allen japanischen Universitäten linksradikale Studentengruppen. Einer der wenigen, die in dieser Zeit offen nationalbewußt und kaisertreu auftraten, war Mishima. Er schrieb sich als Mitglied der japanischen Selbstverteidigungs-Streitkräfte ein und sammelte junge Studenten um sich, die – wie er – konservativ dachten. 1968 gründete er die «tate no kai» (Schildgesellschaft). Oberstes Gebot war die absolute Treue gegenüber dem Tenno (Kaiser), dem Symbol für die kulturelle Einheit des japanischen Kaiserreichs. Dann kommt der denkwürdige 25. November 1970, der ganz Japan verschreckt. Von vier Mitgliedern seiner «tate no kai» begleitet, nimmt er im Hauptquartier der japanischen Armee den Oberbefehlshaber General Mashita gefangen und zwingt ihn, alle Soldaten der Garnison vor dem Hauptportal antreten zu lassen. Vom Balkon will Mishima eine Ansprache halten, um den Soldaten bewußt zu machen, daß sie von jeher das Herz Japans wären und jetzt nur noch ein Spielzeug in den Händen der Amerikaner seien. Die Soldaten lachen ihn aus. Er bricht seine Rede ab und zieht sich in das Büro des Generals zurück, um sich darauf vorzubereiten, ehrenvoll durch Harakiri zu sterben. Er umfaßt das Schwert mit beiden Händen, richtet sich in den Hüften ein wenig auf und neigt seinen Oberkörper über die Schwertspitze. Die Art, wie die Uniformjacke über der Schulter spannt, verrät, daß er alle Kraft aufbietet, als er die scharfe Klinge in die linke Bauchseite

18

stößt. Sein Aufschrei zerreißt die Stille. Nur noch Keuchen ist hörbar. Er hält das Schwert mit der rechten Hand, als er es quer durch seinen Leib zu ziehen beginnt. Als Mishima verblutend am Boden liegt, versucht sein Gefolgsmann und Liebhaber Morita, ihm ritualgemäß den Kopf abzuschlagen. Mehrere Versuche mißlingen, bis einer der Kameraden für ihn einspringt und Mishima köpft. Wie vorher abgesprochen, versucht nun Morita Harakiri zu machen, aber er ist zu schwach und schafft es nicht, sich die Klinge in den Leib zu rammen. So stirbt auch er durch das Schwert eines Kameraden, der ihm den Kopf abschlägt. «Er hat den Verstand verloren», schreibt die Presse über ihn. «Er war doch glücklich verheiratet und hatte zwei nette Kinder.»

Und mit einemmal wird nun ein Buch mit Interesse gelesen, das Mishima bereits 1967 veröffentlichte, nämlich seinen persönlichen Kommentar zum «Hagakure» («Im Schatten der Blätter versteckt»), einem Lehrbuch für Samurai, in dem die Ratschläge des zum Samurai gewordenen Priesters Jocho Yamamoto (1659–1719) von seinem Schüler Tsuramoto Tshiro aufgezeichnet sind. Das «Hagakure» war noch während des Zweiten Weltkriegs eine beliebte Lektüre der Japaner, für die Kamikaze-Flieger galt es als Pflichtlektüre. Beim Einmarsch der Amerikaner wurden jedoch die meisten Exemplare verbrannt oder eingestampft, einige aber auch sorgsam versteckt. Mishima setzt sich in diesem Buch zum «Hagakure» auf seine Weise mit dem Krieg auseinander, nicht ohne auf harte Kritik zu stoßen, da man einen weiteren Hinweis auf eine faschistoide Gedankenwelt des Schriftstellers gefunden zu haben glaubte.

Literarisch ist dieses Buch nicht von großer Bedeutung, wichtig ist es, weil Mishima hier die Grundlage für seinen

Tod und für seine Lebensform, die zu diesem Tod führt, formuliert. Mishima schlägt den Bogen von der für ihn noch lebendigen Zeit der Samurai hinüber in das Nachkriegs-Japan und stellt sich gleichzeitig dar als einer, der den klassischen «Weg des Literaten und Kriegers» geht. Seine Interpretation gliedert sich in drei Hauptstränge: die Philosophie des Handelns, der Liebe und des Lebens. In einzelnen kurzen Abschnitten stellt er bestimmte Aspekte des umfangreichen Werkes heraus, die ihm persönlich wichtig sind, und kommentiert diese.

In Abschnitt 32 des ersten Buches findet sich der Satz: «Ich halte die äußerste Liebe für eine geheime Liebe.» Der Kommentar lautet: «Liebe heute wurde zu einer Romantik von Pygmäen. Die Gestalt der Liebe wurde belanglos, und erklärte Liebe ist selten. Die Liebe verliert ihren Spielraum: Liebende verlieren den Mut, Hindernisse zu übersteigen, die Leidenschaft, soziale Sittenbestimmungen zu verändern. Liebe verliert ihre eigentlich abstrakte Bedeutung. Das bedeutet: Der Liebhaber verliert die Freude, seinen Geliebten zu gewinnen oder zu verteidigen. Er verliert das weite Spektrum seiner menschlichen Gefühle. Die Kraft, das Objekt seiner Begierde zu idealisieren. So daß auch das Objekt seine Gestalt verliert. Liebe ist rückbezüglich, und wenn eine Person ihre Gestalt verkleinert, verringert sich im gleichen Maße die Gestalt des anderen. Überall hier in Tokio wuchert diese Art der pygmäischen Liebe.» Unter der Überschrift «Wahre Liebe kommt nur einmal im Leben» steht: «Auch bei der homosexuellen Liebe gilt: ‹Ein treues Weib verheiratet sich niemals wieder.› Du kannst nur ein einziges Mal in deinem Leben eine echte Liebe erfahren. Geht es dir anders, bist du nicht besser als ein Strichjunge oder ein loses Frauenzimmer. Solche Geschäfte bringen einem Samurai nur

Schmach.» Und ein wenig weiter heißt es: «Natürlich mußt du dich nicht auf einen Weg versteifen – Liebe mit Frauen oder Liebe mit Männern. Aber auch wenn du einen Mann liebst, mußt du deine Energie auf den Weg des Kriegers ausrichten. Tust du das, dann läßt sich die homosexuelle Liebe sehr gut mit dem Leben eines Samurai vereinbaren.»

Ausdrücklich weist Mishima auf ein Gedicht zur geheimen Liebe hin, das sich im «Hagakure» finden läßt:

«Ich werde sterben für meine Liebe,
und die Wahrheit weiß nur der Rauch, der zurückbleibt –
der Name meines Liebhabers bleibt geheim bis zuletzt.»

Der am häufigsten zitierte Satz im «Hagakure» lautet:

«Ich habe herausgefunden, daß der Weg des Samurai Tod bedeutet.» Für Mishima war die Entscheidung, das Manuskript seinem Verlag zu geben, der erste Schritt zur Vorbereitung seines Freitodes.

«Beginne den Tag mit Sterben. An jedem Tag muß an der Loyalität gegenüber dem Tod gearbeitet werden. Man beginnt ihn mit stiller Meditation und stellt sich dabei die letzte Stunde vor in allen möglichen Variationen des Todes: durch Pfeil und Bogen, Gewehr oder Speer, geköpft durchs Schwert, ertränkt im Meer, durch Springen ins Feuer, durch Erdbeben, durch den Sturz vom Felsen, den Tod durch Krankheit, den unerwarteten Tod. So beginnt man den Tag mit Sterben.»

Mishimas Frau Yoko hört in der gemeinsamen Wohnung zusammen mit den beiden Kindern die Nachricht vom Harakiri ihres Mannes und fällt in Ohnmacht. Später wird ihr die Presse vereinzelt unterstellen, sie sei im Augenblick seines Todes beim Reiten gewesen.

Gibt dieser Tod wirklich mehr Rätsel auf als sein Leben? «Fanatiker, Fantast, Faschist?» In diesem Buch wird nach Fingerabdrücken gesucht, nach Fußspuren und Vorstellungen des Mannes, der sich Mishima nannte und dem das Rilke-Wort wichtig war: «Sei allem Abschied voran, als wäre er hinter dir.» Die Suche folgt nicht den Pfaden der Wissenschaft und Psychologie, da diese zu kurz sind – sie erreichen nicht die Feinstrukturen des Menschen. Das Wesen dieses Mannes, der zudem in einer fremden, fernen Kultur verwurzelt ist, kann nur durch Literatur anschaulich werden, selbst wenn diese Fiktion ist.

Die siebenundvierzig Samurai

Der Tod zu zweien ist kein Tod mehr, selbst nicht für die Glaubenslosen. Was uns betrübt, ist ja nicht der Verlust des Lebens, sondern der Verlust dessen, was ihm seinen Sinn gibt. Wenn eine Liebe unser ganzes Leben ist, was macht es dann für einen Unterschied, ob wir zusammen leben oder zusammen sterben?» so Raymond Radiguet (1903–23), einer der Lieblingsschriftsteller Mishimas, den er bereits in jungen Jahren gelesen hat.

Als er in den kleinen Seitenweg einbog, sah er das große hölzerne Tempeltor, vor dem sich ein paar Souvenirläden befanden, die sich gerade für den neuen Verkaufstag rüsteten. Es war noch früh am Morgen. Ein junger Bursche füllte Cola-Dosen in einen Getränkeautomaten nach, wobei er schrill einen Schlager sang, dessen Worte er aber vergessen hatte, denn nach jedem halben Satz mußte er immer wieder ein paar Takte pfeifen. Der frische Morgenwind zerrte an den Ärmeln des Kimonos einer Frau, die gerade einen Ständer mit Ansichtspostkarten in die Gasse schob. Als sie wenig später ihren kleinen Kiosk öffnete, fuhr der Wind in das Angebot kleiner Bronzeglocken, deren gemeinsamer Klang zu ungewöhnlicher Dissonanz zusammenwuchs, die in der Kühle der frühen Stunde zu erzittern schien. Die Auslagen der Geschäfte waren nicht auf die Bedürfnisse ausländischer Touristen eingerichtet, was ihn nicht erstaunte, da er wußte, daß nur wenige Ausländer diesen Tempel besuchten. Denn der Sengakuji-Tempel ist nur umständlich zu erreichen, abseits von der Touristikroute. Obwohl die meisten von ihm gehört haben müßten, denn dort liegen die Samurai begraben, die als die «Siebenundvierzig Ronin» in der ganzen Welt bekannt wurden. Als Beispiel der «Vasallentreue» des alten Japan hat wohl jeder an Japan interessierte Fremde von dieser Geschichte gehört. Ein hoher Beamter des Shogunats intrigierte aus Habgier und Neid gegen einen lokalen Adligen und zwang ihn, sich selbst zu töten. Die treuesten seiner Untergebenen schworen daraufhin Rache und planten monatelang ein Attentat gegen diesen Beamten, obgleich dies klar gegen die Gesetze des Shogunats verstieß – Regierungsrecht gegen Menschenrecht. Am 15. Dezember 1702 überfielen sie den Shogunatsbeamten und töteten ihn. Anschließend zogen alle siebenundvierzig in den Sengakuji, wo sie nach einigen Wochen der Gefangenschaft gemeinsam durch ihre Schwerter starben. Ihre Geschichte ist in Japan in immer neuen Variationen erzählt und bearbeitet worden. Die Theater, die zu diesem Stoff greifen, sind immer überfüllt, besonders das beliebte Puppenspiel. Schon früh wurde dieses Heldenepos im Ausland nacherzählt, wie ein Märchen aus Tausendundeiner Nacht. Daher kommen wohl auch nur sehr wenige Ausländer in diesen entlegenen Tempel. Die Geschichte der «Siebenundvierzig Samurai» ist für sie nicht mehr als ein exotisches Märchen, ohne geschichtlichen Bezug oder besondere Bedeutung. Anders für die Japaner, für sie ist der Racheakt der Samurai und ihr Freitod ein Fixpunkt ihrer Geschichte, in jedem Geschichtsbuch nachlesbar und von unzähligen Historikern in jeder möglichen Richtung ausgelegt. Den linken Studenten war dieser Ort natürlich ein Dorn im Auge, aber er hatte längst nicht eine solche herausragende Bedeutung erlangt wie der Yasukuni-Schrein, in dem auch die Geister der faschistischen Kriegsverbrecher als Götter verehrt werden. Nein, dieser Tempel hier führte eher ein stilles Dasein, auch wenn einige Geschichtslehrer dafür sorgten, daß lange Schlangen von Schulklassen durch die enge Friedhofsanlage geschleust wurden.

Doch an diesem frühen Morgen trat er allein durch das Tempeltor, grüßte den alten Priester, der über den mit weißem Kies belegten Vorhof geschlurft kam, um sich dann im Hauptgebäude niederzuhocken. Dort würde er dann den ganzen Tag sitzen und an die Besucher gegen Entgeld kleine Zettelchen und Kerzen verkaufen. Auf den Zettelchen stand ein kleiner Wahrsagespruch, frisch, zu Tausenden gedruckt, in einer nahegelegenen Druckerei, die außer Horoskopzetteln nur noch Lose für die Jahrmärkte druckte. Er schüttelte den Kopf bei dem Gedanken: «Glück, ein paar Zeilen Trost, alles die Zeichen uneingestandener Angst.» Die kleine Bude, in der sie die Eintrittskarten verkauften, war noch nicht besetzt. Er betrat den für Besucher vorgeschriebenen Rundgang. Die Kühle brannte angenehm auf seinem übernächtigten Gesicht, überdeutlich knirschte der Kies unter den Sohlen seiner Schuhe, er wünschte sich, leiser auftreten zu können, den Schlummer, der über allem lag, nicht zu erschrecken. Verhangen der Himmel, Tau auf den Blättern und Gräsern. Sein Rundgang führte ihn als erstes in ein kleines Museum, in dem man mühsam versucht hatte, die Geschichte dieser auf dem Friedhof liegenden Männer anschaulich zu machen. Grobe Holzpuppen, mit verstaubten Rüstungen bekleidet, standen hinter Glas, in einer nie ganz vollzogenen Bewegung begriffen. Ihre Gesichter schienen alle gleich. Nur die Gesichter des Anführers Oishi und

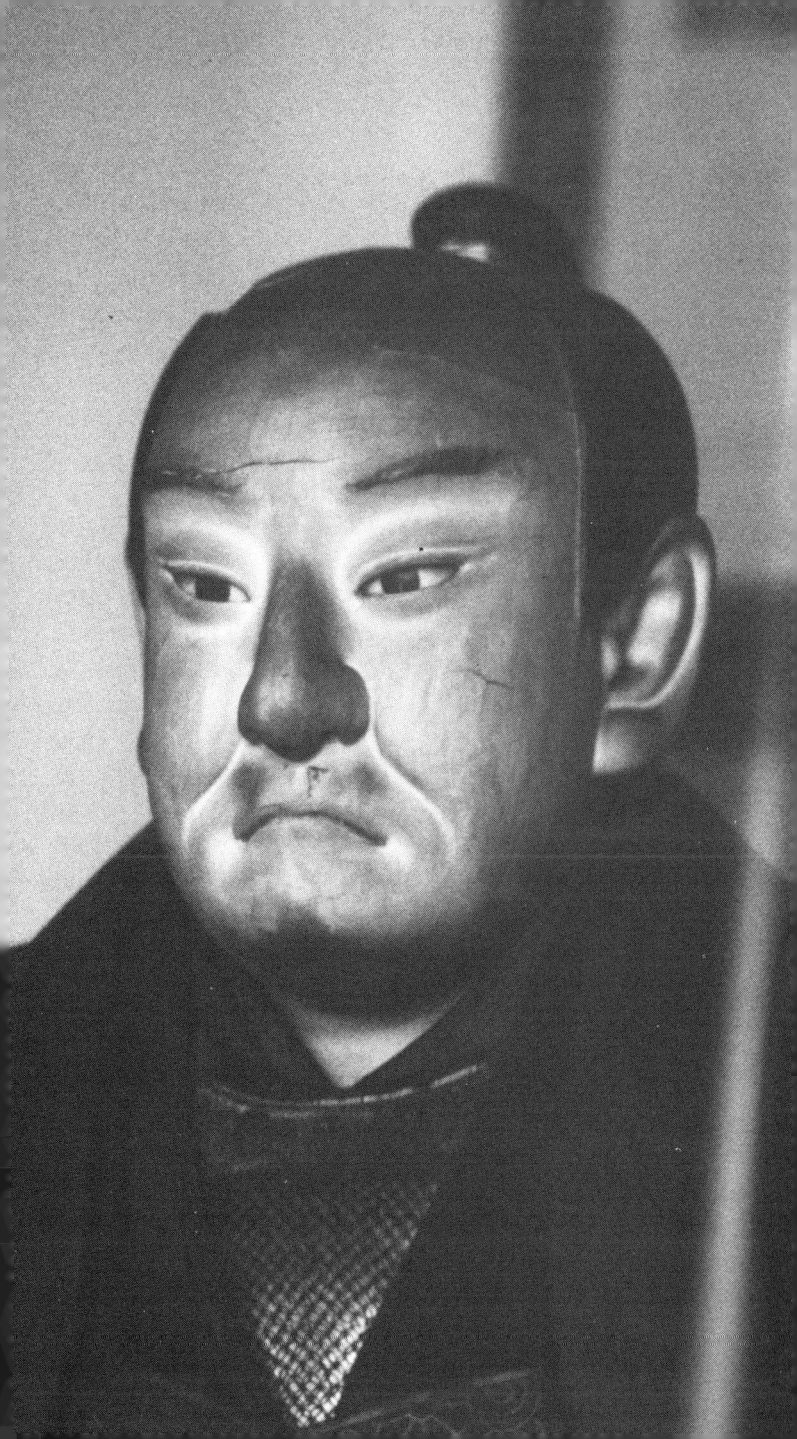

seines Sohnes, der der jüngste der Verschwörer gewesen, waren sorgfältiger geschnitzt und bemalt. In ihren Augen lag ein Glanz, so als seien sie wirklich einmal lebendig gewesen. Die übrigen Gestalten unterschieden sich in ihrer Größe und waren auch sonst nur dadurch kenntlich, daß vor ihnen ein kleines Holzschild mit ihrem Namen stand. In den Vitrinen lagen alte Dokumente, die sich für die Echtheit der Legende verbürgten, und Waffen, die angeblich bei der Ausführung der Tat eine wichtige Rolle gespielt hatten. Ihnen gönnte er keinen Blick, da er wußte, daß es sich bei diesen um wenig gelungene Imitationen handelte. Sie ärgerten ihn immer wieder, bei jedem Besuch dieses Museums. Doch sie machten ihm auch immer wieder klar, daß die Japaner mit ihrer Vergangenheit ebenso nachlässig verfahren wie viele Ausländer. Ihnen galt ihre eigene Geschichte nichts, es sei denn zum Zwecke der Ausbeutbarkeit. Aber zum Lernen schien sie ihnen ungeeignet, zu mühsam, zu überholt, sie waren sich selber genug. Altes Wissen in alten Köpfen, reduziert auf ein Achselzucken: «Na und?» Denn auch die Japaner seiner Generation versuchten, die Tat der «Siebenundvierzig», wie so vieles andere, in den Bereich des Märchens abzudrängen. Außerhalb der menschlichen Reichweite und Vorstellungswelt. Und darum ließ man die sichtbaren Zeugnisse der Vergangenheit in Vitrinen und Truhen verstauben, ließ Holzpuppen wie lächerliche Inkarnationen von Phantasiegestalten in ihrer unlebendigen Pose existieren. Der bequemste Weg, sich von seiner eigenen Geschichte abzunabeln und sie einfach zu vergessen. «Es offenbart die gleiche Verantwortungslosigkeit, die sie der Zukunft ihrer Kinder entgegenbringen.» Die Holzdielen knarrten wie immer, als er das Museum mit seiner abgestandenen und verbrauchten Luft verließ. Er ging den mit Natursteinen belegten Weg hinauf, der zu dem kleinen Bogen auf dem Hügel führte, hinter dem die Gräber lagen. Achtlos ging er an dem kleinen Wasserbecken vorbei, in dem die Verschwörer angeblich das abgeschlagene Haupt des Shogunbeamten traditionsgemäß gewaschen hatten. Davongespült, denn das Wasser der Quelle hatte sich in Jahrhunderten immer wieder erneuert. Das vergangene Geschehen war dort ebensowenig gegenwärtig wie in dem muffigen Museum. Eilig stieg er die Stufen zum Hügel hinauf, kaufte bei der taubstummen Frau, die in einer Hütte vor ihrem Feuer saß, ein großes Bündel Räucherwerk und betrat den stillen Friedhof. Auf dem quadratischen Platz lagen die Gräber systematisch nebeneinander. Jedes Grab war gleich. Hinter einem niedrigen Steinsockel stand ein schlichter Grabstein mit dem Namen des jeweiligen Samurai. Im Sockel der Grabsteine war eine flache Mulde, in die jemand frische rote Rosen gelegt hatte. Er war also nicht der erste Besucher an jenem Morgen, das ärgerte ihn ein wenig. Nur in den beiden Ecken des gepflasterten Gevierts standen zwei auffälligere Grabsteine, die auch mit einem hölzernen Schreinbau überdacht waren. Durch sie wurde der Anführer der Gruppe, Oishi, und sein Sohn Yoshikane besonders geehrt. Im klaren Morgenlicht stand er allein vor den Gräbern. Die Person vor ihm, die in jede Grabschale Rosen gelegt, hatte auch nicht mit Räucherwerk gespart. Dichter, leicht süßlicher Rauch stieg von jedem Grab auf. Doch der Wind trieb den Rauch von ihm fort, was ihm lieb war, denn ihm war der Geruch von billigem Räucherwerk, das in den Tempeln verkauft wurde, verhaßt. Er hielt die glimmenden Stäbchen, die er gekauft hatte, weit von sich und ging auf die Gräber zu, um die einzelnen Namen besser lesen zu können und sein Räucherwerk zu verteilen.

Als er in den Nebel des Räucherwerks eintauchte, hielt er den Atem an, doch dann bemerkte er mit Erstaunen, daß hier keine Billigware brannte, sondern eine Kostbarkeit aus erlesenen Hölzern, die einen sinnlichen, nicht aufdringlichen Duft verströmten. Einen Augenblick überließ er sich diesem angenehmen Duft, bis er dann hastig seine Räucherstäbchen auf den Boden warf und austrat. Wütend und beschämt biß er sich auf die Unterlippe. Er selber hätte solch ein Räucherwerk mitbringen, die roten Rosen auf die Gräber verteilen müssen. Sein Selbstzorn zerstörte ihm die ruhige und andächtige Stille. Ein paar Sätze aus Aufzeichnungen auf seinem Schreibtisch fielen ihm ein. «Was die Leute als Pose von mir ansehen, ist in Wirklichkeit nur ein Ausdruck meiner Not, um meine wahre Natur geltend zu machen. Was die Leute aber als mein wahres Ich zu erkennen glauben, ist reine Fassade.» Die Vorstellung, diese andere Person treffen zu können, machte ihn blaß, ihm war auf unangenehme Art kalt. Was für eine Vorstellung: Er mit seinem schäbigen Bündel billiger Räucherkerzen, während sich die andere, fremde Person in Unkosten gestürzt hatte, um diese Toten zu ehren. «Erfinde ich nur meine Wirklichkeit, wie ein Schneider, der seine Bahnen sticht? Läßt sich Verzweiflung durch Verzweiflung überwinden?» Erst als er vor dem Grab des jungen Yoshikane stand, wurde er ruhiger. Denn diese Gestalt schien ihm vertraut und nahe. Wie dankbar mußte dieser Junge gewesen sein, als er mit seinen sechzehn Jahren die Gelegenheit erhielt, den Heldentod sterben zu dürfen. Und wie beschämend mußte es für ihn gewesen sein, als einflußreiche Freunde seines gerächten Herrn den Shogun um Gnade für sein junges Leben baten. Wie töricht doch manchmal die Alten sind! Warum mochten sie nicht erkennen, daß Yoshikane nie

wieder so ehrenvoll und rein würde sterben können, als in jenem Augenblick zusammen mit seinen Kameraden? Sollte Yoshikane denn der Judas der Samurai werden? Nur ob der Gnade, die nur andere im Hirn hatten, sein Gesicht verlieren? Das hatte sich bereits ein anderer ausgedacht. Denn, obwohl die Geschichte von siebenundvierzig spricht, liegen hier auf dem Friedhof nur sechsundvierzig begraben. Weil einer der Verschwörer im letzten Augenblick abgesprungen war, um nicht auf sein ruhiges Eheleben verzichten zu müssen. Für diesen Ungenannten empfand er nur tiefe Verachtung. Der japanische Soziologe Nitobe hatte einmal den ehrenvollen Freitod gut umschrieben, er bemühte sich, indem er vor Yoshikanes Grabstein verharrte, um den genauen Wortlaut: «Ich will dir den Sitz meiner Seele öffnen und dir zeigen, wie es mit ihr steht. Sieh selbst, ob sie beschmutzt oder rein ist.» Er spürte plötzlich in sich ein brennendes Bedürfnis nach innerer Reinheit. Entfernte Stimmen unterbrachen sein Grübeln, eine Besuchergruppe näherte sich laut und aufdringlich seiner Stille und der Ruhe des Ortes, es schienen Jugendliche zu sein mit ihren Lehrern. Rasch beugte er sich herunter, nahm ein paar Räucherstäbchen vom Grab. Um sie dann, in Blickweite der Neuankömmlinge, wieder vorsichtig zurückzulegen. Andächtig verharrte er, bis die anderen noch näher heran waren. Diese nahmen sofort die ungewöhnliche Situation wahr, unterbrachen ihre Gespräche, die eher einem Ausflug als dem Charakter dieses Ortes entsprachen, und blieben in einiger Entfernung stehen. Unbeweglich verharrte er noch einen Augenblick mit gesenktem Haupt, um sich dann abzuwenden und auf ein anderes Grab zuzugehen, das so lag, daß ihn die fremden Besucher im Profil erkennen konnten. Auch dort verharrte er still. «Ich benehme mich wie ein Poseur.» Aus

den Augenwinkeln beobachtete er, wie einer plötzlich die anderen anstieß, sie miteinander tuschelten, ihre Fotoapparate in Stellung brachten und mehrere Fotos von ihm schossen. Als er sich umdrehte, um sich abschließend vor den Gräbern zu verneigen, huschte ein kindliches Lächeln über sein Gesicht, er flüsterte: «Oh, ihr werdet mir doch nicht böse sein?!» Dann faßte er sich, setzte sein starres, arrogantes Gesicht auf und ging grußlos an der Gruppe vorbei, so als hätte er sie gar nicht wahrgenommen.

Gemächlich stieg er die Stufen hinab, sah, daß die Kartenverkäuferin inzwischen an ihrem Platz saß, und ging hinüber zum Hauptgebäude des Tempels. Übermütig und befriedigt griff er nach einem größeren Geldschein in seiner Brieftasche und steckte ihn in den Spendenkasten, klatschte in die Hände und verbeugte sich vor der goldenen Buddha-Statue. Dann setzte er sich noch für die Länge einer Zigarette auf eine Bank im Vorhof, um sich die allmählich eintreffenden Besucher anzusehen. Eine kleine Gruppe dicklicher, untersetzter Ausländer war darunter. Sie störten ihn im Licht dieser frühen Stunde, die für ihn so begehrenswert war. «Ausländer können Japan nicht verstehen, weil sie immer nur das schöne, ästhetische Japan vor Augen haben, sich aber nicht mit seiner dunklen Seite des Schwertes auseinandersetzen.» Es gefiel ihm, einfach nur so dazusitzen und nachzudenken. Doch als er sah, daß eine junge Frau ihn erkannt hatte und bereits in ihrer Tasche nach einem Kugelschreiber suchte, sprang er hastig auf, beschleunigte seine Schritte, so daß er fast lief, als er das Tempeltor erreichte. Er beruhigte sich erst wieder, als er im Gewühl und im Frühlärm der Hauptstraße untertauchte. Den Gaumen trocken und ein leises Hungergefühl im Magen, freute er sich auf eine Schale heißen Tees.

Notizen, New York

Ich schreibe von Mitternacht bis fünf Uhr früh, weil ich dann am leichtesten einschlafen kann. Ich wirke befreiend, sagen sie mir auf den Parties, weil ich selbst über die eignen Abgründe zu lächeln scheine. Diese Dummköpfe. Ein paar Flaschen «Mouton Rothschild» lösen die Zunge, das ist wahr. Aber es ist nicht die Beredsamkeit aus dem Bauch voller Witz, mit blendenden Manieren, exquisit gekleidet, die innere Schwäche, die sich nach außen kehrt, wie sie mir unterstellen. Diesem da, mit den schräg geschnittenen Augen aus dem Land der Kirschblüten, der sich als Todgeweihter porträtiert, der mit der mitreißenden Konversation, dem Charme und den teuren Maßanzügen. Der mit dem Zwei-Seelen-Haus, voller verschiedener Traditionen und Epochen, mit spanischem Barock, französischem Rokoko, englischen Seegemälden, der Schmiedekunst des 17. Jahrhunderts, mit riesigen halbrunden Sitzecken, den zeitgenössischen Gemälden, den weißen Wänden.

Ich liebe weiße klare Wände, damit das Auge Platz hat, sich vom Nichts nach innen zu orientieren. Aber diese Ansätze von Ordnung-Schaffen sind bei dem Nebeneinander von den zwei, drei Leben, die ich lebe, schwierig. Die Ordnung bleibt dabei auf der Strecke ...

... Heute nacht bin ich nach New York geflogen. Ich aß am Abend mit Faubion Bowers. Er ist ein guter Führer meiner Bedürfnisse, weiß die richtigen Orte und Telefonnummern. Er stellt mich Huren vor und Schwulen und allem, was sonst noch dazwischen liegt. Meine Gier, mit einem weißen Mann zu schlafen, ist groß. Er holt mich schon am späten Nachmittag ab, lacht, als er mich in meinem teuren Anzug sieht, mit der auffallenden Seidenkrawatte, es sei «die Sex-Rüstung eines Invertierten», wir lachen beide, aber in einem T-Shirt und Jogginganzug im nächtlichen Central Park oder im Village, unten an den Docks, kann er mich sich auch nicht vorstellen. Habe ich an meinen Schuhen die Spuren der nächtlichen Gosse, auf dem Anzug die Spuren der Pissoirs, der Dark-rooms mit den Slings von der Decke, die Unruhe unter meiner Haut nach Exzessen ohne Fingerabdrücke und Kennkarten, nach den Bädern New Yorks bis hinauf nach Harlem? In denen ich mich wie ein Mondsüchtiger bewege voller Heimlichkeit? Losgelassen und immer wieder abstürzend, in den Dunkelräumen, auf Klappen, in obskuren Kellertreffs, von Freunden eingeführt. Hungrig, wund, noch hungriger danach. Auf der Suche nach dem seltsamen Licht in ihren Augen, von dem sie mir erzählt haben auf den Pissoirs am Union Square. Aber wo, zum Teufel, läßt es sich finden? Die schweißige Hand auf meinem Schoß, im Big Apple, ist nicht die Vorstufe dazu. Es muß doch noch mehr kommen, als das Öffnen eines Reißverschlusses mit hektischen Fingern und das Angebot eines Papiertaschentuchs.

. . . Ein rechteckiges, gekacheltes Schwimmbassin. Das Gewirr isolierter Rohrleitungen an der Decke. Duschen, kalt und heiß. Ich verhalte mich wie ein Betrunkener. Zwänge mich durch eine schmale Metalltür in völlige Dunkelheit. Es ist heiß und feucht und nimmt mir den Atem. Was mache ich hier in diesem «Meer von Gefahr», vor dem mich alle gewarnt haben und das sie mit Harlem umschreiben. Ein Arm drängt mich zurück. Schweiß brennt mir in den Augen. Eine flüchtige Hand verläßt mich wieder. Später unter den Duschen die makellosen schwarzen Körper, als würden sich meine Träume bewegen, die feuchte glänzende Haut mir ihre Impulse aussenden. Die Formen berauschen mich. Nur, sie sind schwarz, und ich habe bisher nur weiß geträumt.

... Das längliche Kino ist brechend voll, die Luft stickig und überheizt. Der Saal zu gut achtzig Prozent mit Frauen besetzt, mittleren Alters. Es darf geraucht werden, Limonade, Popcorn und Eis werden angeboten. Für mich ist es ein Ausflug ins Unbehagen, auf die Empfehlung von Freunden, die mir ein Erlebnis garantierten. Ich fühle mich eingekeilt, endlich wird es dunkel, wie ein Aufatmen. Aggression auf der flimmernden Leinwand, die Fäuste rituell eingesalbt mit Pflanzenfett. CRISCO, die Einheitsmarke, ideal als Bratfett für Hacksteaks und Schmalzgebäck. Daß diese Steaks Beine haben, scheint niemanden zu stören, keuchendes Aufstöhnen in Farbe, ein Fäusteversenken bis zum Ellenbogen. Um mich herum: unterdrücktes Räuspern und Scharren. Ich bin wie erstarrt. Überbelichtete Halbtotale: Finger, Hand, Gelenk, Unterarm, ein zweiter. Die Attraktion gut gewachsener, hellhäutiger Körper. Gut ausgeleuchtetes Aufbäumen bei trockener Leinwand, der Schmerzensschrei, die gurgelnde Lust kommen unbeteiligt vom Tonträger. Mein Atem geht schwer, als läge ein Steinring um meine Brust. Etwas wie Fahrstuhlangst steigt mir bis hinauf in meinen Hals. Geknebelte Münder, kurzgehaltene Fingernägel, die Genitalkopie aus Hartgummi mit Noppen, Äderung und stilisierter Eichel. Eine Frau wird von Frauen gefoltert, der Filmstreifen flattert. Frauen in Uniformen. Das Opfer mit abgeschnürten Brüsten, den Kör-

per voller Striemen, blutunterlaufen, eine Lederfaust zwischen den Beinen, den Peitschenknauf im Rektal-Muskel. Es erbricht sich niemand. Als heißes Wachs auf ihren Genitalbereich tropft, bleibt das Zucken ohne Ton, die Technik bockt. Später, als ich die Fifth Avenue hinunterlaufe, sehe ich überall kleine Fäuste in den Auslagen, als Halsschmuck aus Malachit, aus Rosenquarz, Silber und Gold, an dünnen Kettchen, wie durch das verkehrte Ende eines Fernglases betrachtet. Es macht Spaß. Es ermüdet dich. Dein Orgasmus ist gigantisch, sagen sie mir mit dem Lächeln der Anzüglichkeit. Ein neues Code-Verhalten mit Schlüsselbunden, mit farbigen Gesäßtaschentüchern, mit Silberstiften in durchbohrten Brustwarzen, in der aufgetriebenen Eichel oder der kunstfertig rasierten Scheide?

. . . Den ganzen Tag lang Telefonate und Einkäufe. Bei Bloomingdale habe ich mir Parfumöle gemischt: Oakmoos, schwer, mit einer gewissen Strenge. Der Tropfen hinterm Ohr riecht angenehm. Am Abend dann unten an den Docks, unten am Hudson; im Anvil, in den Toilets, im Ramrod oder im Eagle, die alltägliche spießige Gewalt, nach Klischees unterteilt, in Rollen zugeteilt. Die Gesichter bäuchlings oder in der Hocke aufgegeben. Stimme, Lächeln, die besondere Schreibweise eines Namens. Sind der Benutzbarkeit von Menschen keine Grenzen gesetzt? Ich habe Schwierigkeiten, reingelassen zu werden. Sind die indianischen Mutproben der Cheyenne und Apachen aseptisch nachzuempfinden? Ist es das, was ich suche? Ambulantes Lustgepäck zur Wahl, die Ostküste hinauf, die Westküste hinunter, und auf der Straße aufgelesen werden für ein Bett mit Dusche und einem gemeinsamen Abendessen? Das tätowierte Eigentumszeichen auf trainierten Gesäßbacken? Oder den Wahn? Jenes feuchtgemachte Gelatineblatt mit zerstoßenem, dünnwandigem

Glas, zusammengerollt zu einem unscheinbaren Pfropfen, von Fingern umgeben und in der Dunkelheit eines Fickraums bis zur Spitze eines pulsierenden Darms vorgetrieben, abgelegt wie die anonyme Botschaft eines geplanten, unaufhaltsamen Todes. Die Faszination, die Kette kleiner Tötungen ohne Fingerprints, ohne die Furcht vor Entlarvung? Wenige Stunden später nur noch distanzierter Genießer rettungsloser Zerstörung? Die Bilder erdrücken mich, meine innere Enge ist mir hinderlich. Diesen Sturz von den Klippen will ich nicht, dafür lebe ich nicht. Ich muß immer noch mein Gesicht erkennen können.

Besuch im Theater

Einige Monate, nachdem er zum erstenmal mit seiner Mutter und seiner Großmutter das Kabuki-Theater besucht hatte, versprach ihm seine Großmutter einen Besuch des No-Theaters. Als er sie fragte, wie das denn sei, lächelte seine Großmutter ein wenig, eine Seltenheit in ihrem strengen Gesicht, und sagte: «Ganz, ganz anders, als das, was du bisher gesehen hast. Warte ab und gedulde dich.» Dann holte sie ein altes, abgegriffenes Buch aus dem Regal, in dem verschiedene No-Masken von alten Meistern abgebildet waren, und übergab es ihm mit der Ermahnung, sorgsam damit umzugehen. Aufgeregt setzte er sich mit dem Buch in eine Ecke des Raums auf den Fußboden und betrachtete die Abbildungen. Selbst diese schwachfarbigen Reproduktionen ließen den Masken ihre Lebendigkeit. In ihrer Verhaltenheit wirkten sie auf ihn mächtiger und eindrucksvoller als die ihm bekannten Masken des Kabuki-Theaters in Kamakura. Die feinen Pinselstriche, mit denen das Haar gemalt war, schienen sich in sanftem Wind zu kräuseln. Er war entzückt. Die Augen des Dämons blitzten ihn golden an, und sein geöffneter Mund spuckte Gift und Galle. Das Buch faszinierte ihn und regte seine Phantasie an. Besonders die Masken der jungen Frauen gingen ihm nahe. Ihre fast geschlossenen Augenlider schienen unter der Last unglaublichen Leids zu zittern, und dennoch waren ihre Lippen sinnlich und lustvoll geöffnet. «Bitte, bitte, Großmutter, erzähl mir doch, was sie spielen», bettelte der Junge. «Du wirst es schon sehn», wies ihn die Großmutter zurecht und legte sich zur Mittagsruhe nieder. Er verstummte und preßte das Buch an sich. «Erwachsene antworten einfach nicht, wenn sie nicht wollen.» Er fühlte sich wieder ausgesperrt. Doch wo war für ihn außen? Ein Haufen kostbarer alter Kleider, die nach getrockneten Blüten rochen wegen der Motten, mit denen er großmütig spielen durfte wie ein kleines blasses Mädchen, wenn sie ihn los sein wollten. Er ängstigte sich vor der Schroffheit in der Stimme seiner Großmutter und senkte seine Stimme, wenn sie ins Zimmer kam. Doch da sie einen guten Tag zu haben schien, erzählte sie ihm am Nachmittag, nachdem sie mit ihm Tee getrunken hatte, die Geschichte des Stückes, das sie ihm angekündigt hatte für den übernächsten Tag.

«Vor langer, langer Zeit lebten zwei Kinder, ein Junge und ein Mädchen, auf dem Lande. Ihre Eltern waren Nachbarn und darum trafen sich die beiden häufig und spielten am Brunnen des Dorfes miteinander. Aber als sie dann älter wurden, schämten sie sich voreinander und wurden ganz scheu, wenn sie sich trafen, obwohl sie sich sehr gern hatten. Auch als sie sich nicht mehr trafen, dachten sie ständig aneinander, und der junge Mann beschloß, das Mädchen zu heiraten. Doch die Eltern hatten andere Pläne mit ihnen und hatten andere Gatten für sie ausersehen. Doch die beiden ließen nicht voneinander und schrieben einander heimlich kleine Briefe mit Gedichten. Endlich gaben ihre Eltern nach, und sie durften heiraten. Nach einigen Jahren aber ging der junge Mann abends aus dem Haus, um eine andere Frau zu besuchen. Traurig blieb die Frau daheim und wartete auf die Rückkehr ihres Mannes. Sie ließ ihn aber – aus lauter Liebe – immer ohne ein böses Wort gehen. Das kam dem Mann verdächtig vor, und er glaubte, sie hätte einen Liebhaber. Darum versteckte er sich eines Abends heimlich, um sie zu beobachten. Doch als er sah, daß seine Frau allein vor der Tür ihres Hauses saß und ein trauriges Gedicht malte, da war er so beschämt, daß er nie wieder eine andere Frau besuchen ging.»

Nach der Erzählung seiner Großmutter war er enttäuscht, denn er fand, das sei nur wieder eine von den vielen langweiligen Liebesgeschichten, von denen er schon so viele kannte. Doch zum Trost blätterte er immer wieder in dem Buch mit den Masken, denn diese machten ihn wirklich auf das Theater neugierig. Als dann der Tag, an dem sie ins No-Theater gehen wollten, gekommen war, wurde er morgens besonders lange gebadet. Und seine besten Kleider mußte er anziehen und in ihnen so lange warten, bis sich seine Großmutter umständlich ihre Haare zurechtgemacht und ihren schönsten Kimono angezogen hatte. Als sie das Theater betraten, bemerkte der Junge, daß auch die meisten der anderen Frauen prächtige Kimonos trugen und sogar viele Männer ihre westlichen Anzüge mit feierlichen Kimonos getauscht hatten. Die Wartenden in der Vorhalle sprachen gedämpft und begrüßten sich nur mit einer Verbeugung oder ein paar geflüsterten Worten. Ein kleines Mädchen, nicht viel älter als er, brachte Schalen mit dampfendem grünen Tee. Der tat ihm gut, denn sein Hals war von der Spannung und der eigenartigen Atmosphäre im Theater wie ausgedorrt. Schon vor dem ersten Klingelzeichen zog ihn seine Großmutter in den Zuschauerraum. Wie immer hatte sie Karten für die besten Plätze gekauft. Und so hatte die Bühne gerade die Augenhöhe des kleingewachsenen Jungen. Der staunte darüber, daß in dem eigentlichen Theatersaal noch eine

46

besonders überdachte Bühne stand, auf der einige Zeit
später, nach dem dritten Gong, der Chor und die Musiker
ihren Platz einnahmen. Dann begann die Flöte ganz langsam und ruhig die Einleitung des ersten Stückes zu spielen. Der Junge hörte kaum zu, denn er wurde vom Erscheinen des ersten Schauspielers so fasziniert, daß er nur
noch für diesen Augen und Ohren hatte. Er verstand so
gut wie nichts von dem gesungenen Text, sondern war
wie verzaubert von dieser prächtigen Erscheinung und
ihren Bewegungen, die völlig im Einklang mit den Tönen
der Flöte und der Handtrommel waren. Er glaubte, etwas
Schöneres nie zuvor gesehen zu haben, seine Wangen
glühten und seine Augen schienen voll glänzenden Feu-
ers. Er fühlte sich glücklich, die übermächtige Gestalt

seiner Großmutter neben ihm schien einzuschrumpfen. Er dagegen fühlte sich wachsen, größer werden, und reckte den Hals, hob das Kinn. Ja, das mußte ein Tanz für die Götter sein! So feierlich schritt der Schauspieler über die Bühne, so majestätisch deutete er mit seinem Fächer in die Ferne. «Ist erhaben das richtige Wort?» Er fühlte sein Schwitzen und folgte hingerissen dem Geschehen vor sich auf dem Theaterboden. Im Schein der Lampen wechselte die Maske des Darstellers immer wieder ihren Ausdruck, so daß er sich zum Schluß fragte, wie sie denn nun wirklich aussah. Der Tanz endete ganz plötzlich, und in dem stillen Raum klang der hohe Flötenton noch lange in ihm nach. Es war wie ein Zauber. Erst beim zweiten Stück achtete der Junge etwas genauer auf seine Umgebung. Seine Großmutter saß neben ihm mit dem Libretto des Stücks vor sich auf dem Schoß. Sie schien das Stück schon häufiger gesehen zu haben, denn obwohl sie die Augen geschlossen hatte, sang sie einzelne Passagen vor sich hin, leise nur, fast tonlos, um niemanden zu stören. Ein alter Mann hinter ihnen hatte da weniger Hemmungen, er sang fast den ganzen Text mit lauter Stimme mit, und es kümmerte ihn gar nicht, wenn er viele der Töne nicht richtig traf. Als er sich auf die Worte des Gesanges konzentrierte, fiel es ihm schwer, etwas zu verstehen. Denn die Texte des No-Theaters sind in einer altertümlichen Sprache geschrieben, nicht in dem Japanisch, das er kannte und immer noch lernte. Trotzdem verstand er nach längerem Hinhören immer mehr von den Texten. Das freute ihn, es spornte seinen Ehrgeiz an. «Die Poesie ist der einzige konkrete Beweis der Existenz des Menschen», hatte er irgendwo gelesen. Er wagte nicht, seine Großmutter zu fragen, was der Satz bedeutete. Gab es diese Verbindung zwischen ihm und seinen Gedichten? Er wollte später darüber nachdenken. Da fiel dem Mann, der neben ihm saß, plötzlich sein Buch herab, sein Theaterheft. Als sich der Junge höflich bückte, es aufhob und ihm zurückgeben wollte, stellte er fest, daß der Mann eingeschlafen war. Erstaunt blickte er auf den geöffneten Mund, aus dessen Mundwinkel eine kleine Speichelspur tropfte. Er war angeekelt und gleichzeitig angezogen, von diesem welken, schlafenden Gesicht mit dem grauen Mund. «Ob er stirbt? Denn wie kann er bei so etwas Schönem müde werden und einschlafen? Ob er krank ist?» In diesem Augenblick bekam er einen kräftigen Stoß in die Seite. Seine Großmutter sah ihn böse an und knurrte, es war mehr schon ein Zischen, er solle sich auf die Bühne konzentrieren und nicht andere Menschen anstarren. Ihr Kinn wurde richtig spitz, wenn sie sich aufregte. Vor ihrem leisen Knurren fürchtete er sich am meisten. Er fühlte, wie er rot wurde bis hinter die Ohren, wie unangenehm. «Jetzt sehen mich alle an, es ist leicht, einen kleinen Jungen in Verlegenheit zu bringen.» Er ärgerte sich über seine Großmutter, die ihre Rüge ja auch etwas diskreter hätte vorbringen können.

In der Pause erbat er sich von ihr das Textbuch, denn Interesse für das, was ihr gefiel, brachte ihm immer Wohlwollen von ihrer Seite ein. Ihr Ton war auch gleich viel freundlicher und ihr Blick weniger giftig. Artig und schon viel weniger rot im Gesicht las er in der schön gebundenen Ausgabe die Geschichte, von der seine Großmutter erzählt hatte, wenn auch weniger poetisch. Als er mühsam den Text entzifferte, verzog er verächtlich seinen Mund, denn die Kindersprache, in der sie die Geschichte erzählt hatte, war nun wirklich nicht am Platz, um das, was er auf der Bühne gesehen hatte, zu beschreiben oder etwas von dieser lyrischen Spannung zu vermitteln, die er deutlich spüren konnte, wenn er auch das meiste noch nicht ganz verstand. Er fühlte sich hellwach. Artig steckte er seine Nase ins Textbuch und verzichtete darauf, sich nach den anderen Theatergästen umzusehen, was er eigentlich, jedenfalls in der Pause, viel spannender fand. «Ich interessiere mich für Menschen. Sie sind wie Handschriften. Wie sie gehen und sich bewegen; wie sie reden, mit welchem Tonfall, mit welcher Stimme; wie sie ihren Kopf dabei bewegen oder ihre Hände.» Er fand das unerhört spannend, einfach nur so dazusitzen und Menschen zu beobachten. «Dein Wissen gibt dir Macht über sie, gibt dir die Möglichkeit, dich in ihre Gedankengänge einzuschleichen, ohne daß sie deine Spur wahrnehmen können.» Er war höchst zufrieden über seine Erkenntnisse, er hatte keine Furcht vor dieser Macht «über andere». Daß diese Erkenntnis bei seiner Großmutter aus irgendwelchen Gründen noch immer keinerlei Wirkung zeigte, beunruhigte ihn nicht sonderlich. Die Großmutter war ein Sonderfall; er konnte sich ihr nur in einer gewissen Furchthaltung, einer Mischung aus Unsicherheit, Respekt, Anhänglichkeit und kindlichen Ängsten nähern. «Anhänglichkeit und Liebe sind Nachteile, sind nicht so berechenbar wie Gewalt, wie Schmerz, wie Haß, es sind keine Gefühle, die aus der Kälte wachsen. Der Körper allein ist nichts, nur ein Instrument des Gehorsams.» Er las einige Stellen des Textes zweimal und versuchte, sie zu behalten, damit er sie während der Vorstellung genau im Ohr haben würde. Zunächst trat ein alter Mönch auf die Bühne und erzählte die Geschichte des Tempels. Feierlich und ruhig begann er dann zu beten. Dann trat die junge Frau auf. Sie war nur der Geist jener Frau, die vor langer Zeit so sehnsüchtig geliebt hatte und die nun, in der Gestalt eines Dorfmädchens, an den Brunnen zurückkehrte. Es war der Brunnen, an dem sie früher mit ihrem Geliebten gespielt hatte. Er dachte an seine Großmutter: sie war kein fremder Geruch, kein neues Buch oder eine eigenartige Blume, die er noch nicht kannte. Großmutter war immer da, sie war überall, sie blieb auch überall gegenwärtig in ihrem Haus, selbst dann, wenn sie fortgegangen war, um eine Besorgung zu erledigen. «Ist ‹gegenwärtig› das richtige Wort?» Er schüttelte den Kopf und versuchte, sich auf den Gesang zu konzentrieren, um möglichst viele der Worte zu verstehen:

> «Einsam sind die Nächte im Herbst,
> einsamer noch in diesem alten Tempel,
> den nur selten ein Mensch betritt.
> Der Wind weht durch die Kiefern im Garten,
> der Mond neigt sich dem Westen zu.
> Gras wuchert über dem First,
> Gras des Vergessens, Gras der Sehnsucht.»

Erst jetzt bemerkte der Junge, daß diese Stimme nicht den Klang einer Mädchenstimme hatte. Nein, ganz im Gegenteil, der Schauspieler mußte ein sehr alter Mann sein, denn an einigen Stellen zitterte der Ton so, wie er es nur von alten Stimmen kannte. Daher dieser hohe, so einsam wirkende Ton. Es ist wahr. Wie eine Greisenstimme. Daher auch dieses Gefühl von Zerbrechlichkeit, wie eine Porzellanscherbe, durch die man blicken kann. Großmutter hatte schon ein unvorstellbares Alter für ihn, so viele Finger konnte man gar nicht zusammenfinden. Aber diese Stimme «war» das Alter schlechthin, so wie die umwickelten Mumien, die er einmal im Museum gesehen hatte. Er konnte jetzt nicht mehr auf den Text achten, so viele Bilder waren über ihn hereingestürzt, sondern versuchte angestrengt, die traurige Maske der jungen Frau in Einklang zu bringen mit der greisen Männerstimme, die aus ihr hervordrang. Das Lied endete gerade mit den Worten:

«Aus dem Traum der unbeständigen Welt.
Was für ein Ruf wird da mein Herz wohl wecken?
Was für ein Ruf wird mich erwecken?»

Im Wechselgesang mit dem Mönch erzählte das Dorfmädchen die Geschichte ihrer Liebe, und jedesmal, wenn das Gedicht kam, das die junge Frau geschrieben hatte, als sie ihren Mann bei der Geliebten vermutete, verkrampfte sich der Junge voller Mitleid auf seinem Sitz, voller Furcht, wegen seines Gefühls von der Großmutter wieder zurechtgewiesen zu werden. Doch alles ging gut. Er war nicht in der Schußlinie, und er hütete sich, durch nervöses Hüsteln ihre Aufmerksamkeit zu erregen. Auch seine Knie hielt er still, jedenfalls in Richtung auf seine Großmutter:

«Sturmwind weht,
weiß erheben sich die Wogen.
Über den Drachenfeldberg
zieht um Mitternacht
alleine mein Geliebter.»

Gegen Ende des Stücks erschien der Geist der Liebenden nicht in der Gestalt des Dorfmädchens, sondern in den Gewändern ihres Geliebten und tanzte einen wilden, seltsam schwermütigen Tanz. Dieser Tanz fesselte ihn so, daß er bei dem letzten Satz des Chorliedes «Der Traum verweht und es ist Tag» unwillkürlich die Augen schloß und nichts mehr sehen wollte. Seine Großmutter schüttelte ihn entrüstet, doch selbst ihre Drohung: «Wenn du nicht sofort vernünftig bist, gehen wir auf der Stelle!» mochte ihn nicht der Vernunft der Erwachsenen näherzubringen. Schließlich kniff ihn die Großmutter in den Arm, und mit einer vorwurfsvollen Träne im Auge ging er langsam, wie ein begossener Pudel, hinter ihr her in die Pausenhalle. «Manchmal ist sie wie eine Fremde. Ich verstehe sie nicht, wieso greift sie immer in meine Bilder ein. Sie hat in meinen Gedanken nichts zu suchen, nicht dann, wenn ich es nicht will.» Er fühlte, wie ihm die Verärgerung bis hinauf in den Hals pochte, seine Hände fühlten sich klebrig an, und plötzlich haßte er für ein paar Augenblicke ihren Geruch.

Die Aufführungen des No-Theaters dauern fünf bis sechs Stunden, darum gingen die beiden nun in der großen Pause in den Speisesaal des Hauses. Der Junge fühlte keinen Appetit, er wollte lieber im Buch den Text des nächsten Stückes lesen. Aber die Großmutter bestand darauf, daß er etwas essen müsse, und bestellte ihm eine Nudelsuppe, die er stehenließ. Außerdem hoffte er, auf Grund seiner Verweigerung ein Essen zu bekommen, das ihm in der letzten Zeit immer mehr mundete: Sushi, die kleinen Reisbällchen, die mit den verschiedensten Meeresfrüchten belegt waren. Und tatsächlich: Die Großmutter verstand seinen Wunsch und ließ sich heute ausnahmsweise einmal erweichen, eine Portion Sushi für ihn zu bestellen. Nicht ohne darauf hinzuweisen, daß dieses Geld vergeudet sei, da die Leute hier sicher keine schmackhaften Sushi verkaufen würden.

Nach dem Essen bat der Junge darum, auf die Toilette gehen zu dürfen, denn er hatte mehrere Schalen Tee hinuntergeschüttet, und das spürte er jetzt. Die Großmutter zuckte die Schultern. Auch dem Jungen war eine öffent-

liche Toilette verhaßt. Aber in diesem Fall wollte er lieber rechtzeitig während der Pause gehen, als daß er später einen Teil des Theaterstücks verpaßte. Seine Großmutter brachte ihn zur Toilette und wartete im Flur. Er schloß sich rasch in seine Kabine ein und verrichtete eilig sein kleines Geschäft, weil er wußte, daß die Großmutter über ein längeres Warten verärgert sein würde. Er eilte zu ihr zurück, und als er sie im Flur erblickte, blieb er erstaunt stehen. Ihm bot sich eine nahezu groteske Szene: Vor seiner Großmutter verbeugte sich ein ihm fremder Mann zur Begrüßung, und sie antwortete formvollendet. Der Mann mußte sie getroffen haben, als er mit einem äußerst dringenden Bedürfnis auf die Toilette eilen wollte. Doch obwohl sein Druck sehr groß zu sein schien, konnte er nicht ohne angemessene Begrüßung an der Großmutter vorbei. Also blieb ihm nichts anderes übrig, als mit seiner Hand zwischen die Beine zu greifen und seine Not mit den Fingern abzuklemmen. So war die Haltung des Mannes nicht nur ungewöhnlich für eine Begrüßung, sondern fast schon obszön. Doch weder der Mann noch seine Großmutter schienen diese Situation grotesk zu finden, sondern sie hielten das Ritual der Begrüßung streng und ohne mit der Wimper zu zucken ein. Als der fremde Mann die letzte Verbeugung beendet hatte, drehte er auf dem Absatz um, rannte wie ein Gehetzter in Richtung Toilette und öffnete noch während des Laufens seinen Hosenschlitz. Den Rippenstoß noch von vorhin fühlend, tat der Junge nun so, als hätte er nichts gesehen, und ging zu seiner Großmutter, um sich zu entschuldigen, daß es so lange gedauert habe. Da er merkte, mit welchem Wohlwollen seine Großmutter diese für ihn überflüssige Entschuldigung aufnahm, bekam er Mut, sie über die Situation mit dem Fremden zu befragen. «Das war schon ein bißchen komisch, nicht wahr?» fragte er neugierig. «Komisch? Wieso? Es war seine Pflicht, mich anständig zu begrüßen.» «Aber, hast du denn nicht gesehen, daß . . .» versuchte der Junge nachzufassen, dem es schon wieder ein wenig unbehaglich wurde. Er druckste herum. «Still, ich habe nichts gesehen! Es gibt Dinge, die sieht man, ohne sie zu bemerken!» Immer wieder ließ er sich hinreißen, er ärgerte sich über seinen kühnen Vorstoß, bei dem er wußte, daß er doch nur den kürzeren zog. «Ach, eigentlich habe ich auch nichts gesehen», lenkte der Junge ein und zog seine Großmutter in den Zuschauerraum, da gerade das erste Klingelzeichen ertönte.

Notizen, Hamburg

Ich gehe spazieren – über die Lombardsbrücke. Im trüben Wasser der Alster spiegeln sich die Lichter der Stadt. Hamburg, eine alte Hansestadt wie Bremen oder Lübeck, mit vielen Parks und Grünanlagen, an der Elbe zwischen zwei Meeren gelegen, der Nord- und Ostsee. An manchen Tagen wird der Wind vom Meer spürbar. Aber die Hamburger lassen ihre Gewässer verkommen, weil sie ihre Abwässer nicht kontrollieren. Schlimm, denn Wasser ist Leben. In der Nähe des Glockengießer Walls haben sie einen alten Bahnhof mit zwei Eingängen. Die große Kuppel der Kunsthalle ist grün. Ich mag die vielen Brücken, die sie hier in Hamburg haben. Ich habe auch eine nette Bekanntschaft gemacht. Blond, blauäugig und von kräftiger Statur, mit bunten Tätowierungen auf den Unterarmen und muskulösen Oberschenkeln in seinen fleckigen, dunkelblauen Jeans. Sein Englisch ist miserabel, aber die Blicke genügen. Er will Geld, ohne daß wir darüber reden. Das helle Hemd spannt über seiner Brust. Er kennt ein kleines Zimmer in einer Pension, ein paar Stufen hoch. Vorkasse. Ich zahle wie hypnotisiert. Er kennt sich aus. Nette Jungen sind Reinfälle. Nette Jungen hören zum Schluß auf. Aber ich meine, Menschen müssen überfließen von Vitalität. Es ist nicht das taube Gefühl, es ist die Unfähigkeit zur Hingabe, nicht die ausgeleerten Seiten einer weichen, ledernen Brieftasche auf irgendeinem Nachttisch. Im Aschen-

becher verqualmen halb gerauchte Zigaretten, achtlos zu-
sammengedrückt, den kleinen Raum. Er geht ohne Gruß,
ohne die Mühe, freundlich zu sein zu diesem Fremden, der
nun die Druckstellen kennt auf seiner Haut von den Gum-
mibändern seiner Wäsche.

   ... Ich fahre in das neue Verlagshaus des Rowohlt
Verlages im Grünen, nach Reinbek. Neugierig, wißbegie-
rig, ohne Vorstellungen. Der Verleger ist noch nicht da.
Er kommt erst später, wird mir gesagt, obwohl wir ver-
abredet sind. Auf der Terrasse spielt ein grobschlächtiger
Amerikaner in einem Cowboyhemd Tischtennis. Er ist
sehr laut, brüllt, lacht, macht seine Scherze. Er gibt vor,
mich nicht zu kennen, noch nie von mir gehört zu haben.
Höflich ist er nicht. Er zeigt auch keinerlei Interesse, so als
sei ich Luft für ihn. Er sei ein Japsen-Fresser, lacht er mir
ins Gesicht. Seine Augen werden schmal. Er wirft mit
seiner Sexualität um sich wie mit einem nassen Lappen,
gleicht einem alten, verbrauchten Stier, der sich noch
einmal in einem Remake produziert. Die Sekretärinnen
um ihn herum wie ausgehungerte Bienen. Mir bringen sie
nicht einmal einen Kaffee. «Dieser Henry Miller benimmt
sich wie ein Zuhälter. Es würde mich nicht wundern,
wenn er auf dem Rücken tätowiert ist.» Mein Londoner
Anzug aus der Bond Street knittert, ich muß ihn aufbü-
geln lassen, den schwarzen Alpaka-Mantel mit dem Samt-
kragen auch. Ich muß Yoko dazu bringen, unseren Sou-
venir-Einkauf zu begrenzen. Denn wir haben jetzt schon
zuviel Übergepäck. Unsere Ausbeute ist gut: Marmor-
aschenbecher aus Florenz, bronzene Tierkreismedaillons
und ein paar Pariser Tischuhren aus dem Neobarock. Ich
hätte gern die wundervollen Briefe des Marquis de Sade
aus dem Gefängnis gckauft, zwölf Exemplare und gestochen scharf, wie gemalt, in exzellentem Zustand. Aber für

2 Millionen neue Franc?! Das Geld läuft uns zwischen den Fingern hindurch. Mein deutscher Verleger ist unverschämt und sehr vergeßlich. Ich bereue den Besuch.

. . . Wir sind zurück in unserem Hotel an der Alster, um unsere Sachen zu wechseln. Wir haben einen Besuch bei einer Theaterchefin gemacht, Gerda Gmelin, sie besitzt ein reizvolles Privattheater auf einer kleinen Anhöhe in Pöseldorf. Ihr Regisseur war auch dabei, Christoph Roethel, beide rauchen zuviel. Sie sind sehr angenehm und interessiert. Anders als die Hamburger Presse. Die sagt, ich sei verspielt – wenn nicht gar oberflächlich – und versessen auf mystische, spektakuläre Formen. Ich frage mich, woher die Journalisten das wissen wollen. Ich habe nicht mit ihnen in der Sandkiste gesessen oder meine Drachen steigen lassen. Woher also? Tinte ist ein reiner Saft und nicht für alles zu mißbrauchen. Mein Geschichtsbild habe Lücken, sagen sie. Ich sei ein unkritischer Sammler mit prallen Manteltaschen. Soll ich sie darauf hinweisen, wie sie sich verhalten, wenn sie wie Heuschreckenschwärme über mein Land herfallen? Sensibel, aufgeschlossen, mit der Bereitschaft, Sensibilität und Verletzlichkeit zu respektieren? Soll ich dankbar sein, daß sie das Wort Narziß nicht in meiner Gegenwart gebrauchen? Sie sind nur geschwätzig, feige, unaufrichtig und schlecht informiert. Es lohnt nicht, sich über sie zu ärgern. Sie sind lästig und kein Vergnügen. Ich habe mir am Nachmittag Reiselektüre gekauft, am Markt, gegenüber dem Rathaus mit den vielen Figuren. Morgen fahren wir nach Bremen.

Unterwegs

Er streifte seine weißen Handschuhe über, als er das Filmstudio verließ. Obwohl er wußte, daß sie ihn nicht vor den Entladungen der statischen Elektrizität schützen konnten. Dennoch zog er sie immer wieder über, wenn sich die knisternden Blitze über der Stadt häuften. Das Tokioer Klima brachte vor allem in den trockenen Wintern, aber auch in schwülen Sommern diese unangenehmen Entladungen mit sich, und er hatte dann immer Furcht, Metall zu berühren oder zu telefonieren. Die Funken erschreckten ihn immer wieder neu, und er träumte von der Vorstellung, diese Blitze könnten so stark sein wie das Gewitterfeuer, vor dem er sich schon als Kind immer in den Kissen vergrub, bis er schweißgebadet aufschreckte. Als Kind hatte er nach jeder Entladung der statischen Energie immer einige Minuten gelauscht, ob denn nun auch der Donnergott auf seiner beinernen Trommel schlagen würde, doch dies geschah nie. Auch dann nicht, wenn er die Sekunden mitzählte.

Er hatte sich an diesem Tag vorgenommen, wieder einmal nach Kamakura zu fahren. Nicht um dort einen seiner Freunde und Schulkollegen zu sehen, sondern um einige der vielen Tempel dieser Stadt zu besichtigen. Vor kurzem hatte er gelesen, daß die Stadt Rom – nach ihrer Blütezeit – im Mittelalter zu einem völlig unbedeutenden Flecken auf der Landkarte verkommen war. Der Mittelpunkt der Welt, der klassischen Antike, existierte nicht mehr, es sei denn in Geschichten, in Legenden und Sagen, von Schriften und von Mündern überliefert, in Steinen erstarrt, in Säulenfragmenten und verschütteten Grundmauern. Er hatte bei der Lektüre sofort an Kamakura gedacht, an die Wiege der Samuraikultur, die zwei Jahrhunderte lang der Mittelpunkt Japans war. Und die nach dem Zusammenbruch und dem Aussterben des starken und mächtigen Familienclans der Minamoto unbeachtet verfiel und in Vergessenheit geriet. Nur die Mönche in den vielen Zen-Tempeln ließen sich nicht durch Aufstieg und Fall menschlicher Macht beirren und hielten an ihren Traditionen fest, auch wenn andere Tempel in Kyoto oder in Edo zu neuen Zentren der Macht wurden. Sie lebten wie in alten Tagen in der stillen Abgeschiedenheit dieses Fischerdorfes. Und die kreative Kraft, die in früheren Zeiten begierig von Staatsmännern und Kriegern aufgesogen und genossen wurde, war immer noch nicht verbraucht oder verflacht. In der Ruhe der hügeligen Landschaft sitzen sie noch heute und schreiben großartige Kommentare zu uralten Zen-Texten. Ihn zog es zunächst zu der großen Tempelanlage des Tsurgaoka Hachiman-Schreins. Er hatte keinen Blick für die großen Holzgebäude des Tempels, da er wußte, daß es sich um Nachbauten des 19. Jahrhunderts handelte. Allein in diesem Schrein gab es ein Wesen, das ihn ungeheuer faszinierte. In diesem Tempel wuchs nämlich ein gewaltiger Ginkgobaum, seit über tausend Jahren. Inzwischen mit einem Umfang von mehr als sieben Metern. Dieser Baum entzündete immer wieder seine Phantasie, denn dieser hier war ein wahrer Zeuge der Vergangenheit und mußte das Kampfgetümmel vieler Schlachten gehört haben. «Wenn er mir nur seine Geschichten erzählen könnte. Er ist der Träger einer ganzen Welt, die verschollen ist und nur noch mühsam und bruchstückartig in unsern Aufzeichnungen Leben hat.» In diesem Baum hatten sicherlich viele Menschen vor ihm einen besonderen Gott verehrt und von ihm den Segen der Götter erfleht. Besondere Verehrung erhielt der Baum schließlich nach dem Jahre 1219, als direkt neben ihm der dritte Shogun Minamoto no Sanetomo ermordet wurde und dessen Rinde mit seinem Blut färbte. Damit wurde er ein Stück der Geschichte, wie so vieles in dieser Gegend. Shogun Sanetomo war nicht nur ein großer Feldherr und Krieger gewesen, sondern auch ein Meister ungezierter Dichtkunst! Unter dem Schatten der eigenartig geformten Ginkgoblätter konzentrierte sich der Besucher auf eines der Gedichte des unvergessenen Dichters, der unweit dieses Baumes vor über siebenhundert Jahren aus dem Leben schied.

«Berge spalten sich,
weite Meere trocknen aus, alles geht zugrund’ –
Nur mein Herz bleibt unverrückt
meinem Kaiser zugetan.»

Er fühlte sich diesen Zeilen sehr vertraut, so als seien sie heute niedergeschrieben worden und nicht vor Hunderten von Jahren. «Treue ist ein ausgewaschenes Wort für viele. Dünn wie alte Seide in den Händen kraftloser Männer, die die Sonne über meinem Land zum Wanken bringen. Verkauft an die Fremden mit den stumpfen Zungen, denen es fremd ist, ihre Hände in den Ärmeln zu verbergen, deren Herzen nur Asche bargen, als ihr übler Atem wie eine dunkle Wolke über die Inseln kam.» Er fühlte irgendein Feuer in sich, das ihn erglühen ließ. Seine schmalen, bleichen Hände schienen für Augenblicke ein unsichtbares Schwert zu halten. «Ihre Stimmen sind wie Landschaften, aber ihre Klingen habe ihre Schärfe verloren. In meinen Träumen stehe ich hinter einem Fenster wie ein grauer Vorhang.» Ein schriller Vogelschrei riß ihn aus seinen Gedanken, er sah sich um, so als sei er in Sorge, seine Gedanken entdeckt zu finden. Der Name des Tempels wies auf den Gott hin, der in diesem Schrein besonders verehrt wurde. Denn der Kaiser Ojin, der bis ins Jahr 310 regierte, wurde als Kriegsgott Hachiman von der Familie der Minamoto zum Schutzgott gewählt. Und er schien sich bewährt zu haben. Denn mit seiner Hilfe führten sie bis zu ihrem Untergang ihre Schlachten und Intrigen. Auch dem Sohne Ojins, dem Kaiser Nintoku, war ein besonderer Schrein gewidmet. Und in einem anderen wurde die weiße Fahne, das siegreiche Feldzeichen der Minamoto, aufbewahrt.

In Gedanken versuchte er, sein angelesenes Wissen über diese ferne, dunkle Zeit der Samurai mit der Gegend hier in Einklang zu bringen, die sich in den letzten Jahrhunderten sehr verändert hatte. Doch er hörte noch, wenn er die Augen schloß, die Schreie der sich bekämpfenden Gruppen, in seinen Träumen sah er auch die jun-

gen Samurai im Hof beim Üben des Bogenschießens. Dann wieder glaubte er das Zischen der Esse zu hören, in der sie das Metall für ihre Schwerter erhitzten, die auch heute noch mit ihrer Schärfe dazu taugten, Köpfe abzuschlagen. Als er die Tempelanlage verließ, kam ihm eine riesige Gruppe von Schulkindern entgegen. Er bewunderte die Stille und Ordnung, mit der sich die Kinder in ihren Schuluniformen verhielten. Denn heute gelingt es den Lehrern nur noch selten, die Kinder zu solcher Disziplin und Sittsamkeit anzuhalten. Die Schuluniformen erinnerten ihn schlagartig an seine eigene Kindheit, in der er die jungen Rekruten mit der gleichen Ernsthaftigkeit durch die Straßen marschieren sah. Jetzt erreichte er den Kotokuin-Tempel – die Schulgruppe war weit hinter ihm zurückgeblieben – und schmunzelte, wie jedesmal. Denn in Wirklichkeit gab es diesen Tempel ja nicht mehr.

Aber hier saß der große, in der ganzen Welt bekannte Buddha, der 1252 gegossen wurde und trotz seiner Höhe von fast dreizehn Metern und seines enormen Gewichts von über hundert Tonnen übermäßig jung und grazil wirkte. Doch er liebte nicht die zarte Sanftheit, die diese riesige Figur ausstrahlte, sondern die Vorstellung, daß der Buddha in einer Nacht des Jahres 1495 einmal mit den Augen gezwinkert hatte. Denn ein kräftiger und machtvoller Orkan hatte das Meer so zerfurcht und aufgepeitscht, daß eine gigantische Flutwelle das gesamte Tempelgebäude, in dem der Buddha im Dunkeln versteckt gehalten wurde, zerschmetterte und zu Kleinholz zerschlug. Am anderen Morgen, als der bronzene Buddha von der Frühsonne geweckt wurde und den schmalen Tempel zerstört vor sich liegen sah, soll er geblinzelt haben. Und wahrscheinlich begann die Statue erst seitdem so sanft zu lächeln, hatte ihre heilige Handstellung, die

«standhaften Glauben» symbolisierte. Er verstand nicht, wieso die vielen Touristen Schlange standen, um in die Figur hineinzuklettern: «Was wollen sie durch den An- blick der verlöteten Bronzeteile erfahren? Glauben sie, Buddha näher zu sein, wenn sie einen Blick durch die schmalen Augenschlitze der Figur werfen? Oh, nein, ein- fach nur diese Figur anschauen und um diese Höllen- nacht wissen, die zur Standhaftigkeit führte. Das muß der Grund sein, um hierherzukommen. Wie gut, daß niemand gewagt hat, ein neues Gebäude zu errichten. Denn möglicherweise wäre der Sanfte böse geworden, wenn man ihn von den dichten Bambuswäldern, die auf den Hügeln ringsherum wachsen, und von seinem Meeresblick getrennt hätte. Seine mächtigen Hände hätten sich bestimmt aus ihrer Versunkenheit gelöst und das Gebäude mit einer einzigen Bewegung hinweggefegt.» Der Gedanke an das nahe Meer ließ ihn unruhig werden. Er blickte auf seine Uhr, sah, daß er kaum noch Zeit für Extratouren hatte, und winkte nach einem Taxi, um sich nach Enoshima bringen zu lassen. Die Badestrände waren, wie üblich in dieser Jahreszeit, überfüllt. Doch er hatte nur einen desinteressierten Blick für das Getümmel. Er ließ sich an der Brücke, die direkt auf den Inselfelsen führte, absetzen. Jugendliche demonstrierten auf der Brücke mit Motorrädern ihre Fahrkünste. Angler lehnten unbeweglich am Geländer und starrten aufs Wasser. Er ging auf die Insel zu. Je weiter er das Festland hinter sich ließ, um so zahlreicher wurden die vielen jungen Liebespaare, die sich innig umarmten und küßten, ohne das Geld für ein Hotel zu besitzen. Der Fels stieg steil an. Wie beliebt der Tempel auf der Spitze war, zeigten die vielen gestifteten hölzernen Torbögen, die den Treppenaufgang überwölbten. Langsam stieg er die Stufen hinauf, bis er vor dem Schrein der Göttin Benten stand. Benten ist eine der wenigen weiblichen Gottheiten Japans und hat besondere Bedeutung, weil sie zu den sieben Glücksgöttern zählt. So kommt es, daß vor allem Frauen ihre Wünsche zuerst einmal der Frau in der göttlichen Männergesellschaft vortragen, um dann, wenn es nicht geholfen hat, die starken Männer um Hilfe anzugehen. Was auch nicht immer hilft. Er zahlte seinen Eintritt und betrat das kleine Tempelgebäude, in dem eine Statue der Benten aufbewahrt wurde. Hinter einem feinen durchsichtigen Vorhang saß die unbekleidete Göttin auf einem Meeresfelsen mit einem Saiteninstrument in ihren Händen. Mit dem Plektron zupfte sie die Saiten, doch sie sang nicht, ihr

volles Gesicht blickte ausdruckslos ins Nichts. Ihr Körper schimmerte wie weißer Schnee, während ihre Brüste
so unnatürlich modelliert waren, daß sie wie Prothesen
aussahen. Doch wer weiß das schon, er jedenfalls hatte
noch nie die Brüste einer Göttin berührt. Vielleicht besitzen die Körper der Götter eine solche geometrische
Regelmäßigkeit. In Griechenland, das den Göttern für
immer verlorenging, hatte er einen Satz gefunden, der ihn
nachdenklich machte: «Jedes Unrecht trägt den Keim der
Zerstörung in der Seele.» Er hatte ihn in sein Tagebuch
geschrieben.

Hier oben war der Publikumslärm verstummt, und nur
wenige Touristen machten sich die Mühe, bis zum Gipfel
des steilen Felsens hinaufzusteigen. Er suchte sich eine
Bank, von der er das Meer sehen konnte. Am Horizont
begann sich die Sonne langsam zu verfärben. Bald würde
sie im Dunst versinken und blutrot in die Wellen eintau-
chen. «Griechenland ist auch hier. Das Meer, die Sonne,
die Inseln, Geschenke aus einer stehengebliebenen Zeit.
Nur die Menschen sind aus einer anderen Welt, und ihre
Augen sind blind. Ihre Ohren sind tot. Ihre Herzen trocknen wie tote Fische auf den Leinen. Und in den Zweigen
ihrer Zweifel nur das erschrockene Blech.» Mit einemmal
sprang ein kleiner Frosch vor seine Füße. Saß da und
blickte ihn furchtlos an. «Frosch, Frosch, was bist du für
einer?» fragte er ihn und dachte dabei an das Sprichwort:
«Der Frosch, der im Brunnen sitzt, weiß nichts vom
weiten Ozean.» Er wußte, daß das so nicht stimmte.

Denn auch er hatte einst «im Brunnen» gesessen. Und
doch wußte er ganz genau von den Dingen, die außerhalb
des Brunnens lagen. Sicherlich, er hatte damals nur vage
Vorstellungen und keine Detailkenntnisse. Doch seine
Sehnsucht malte sie so deutlich aus, als habe er sie real

schon erlebt. «Ich ernähre mich von meiner Phantasie. Ich erfinde mir meine Wirklichkeit so oft, bis sie mir behagt. Ich hauche meinen Träumen Leben ein und eine Seele und die Möglichkeit, fliegen zu können», sagte er zu sich und beneidete die Wolken über sich, hoch oben am Himmel. «Im Brunnen? Sitzen wir nicht alle irgendwo in einem Brunnen? Und können froh sein, wenn es uns gelingt, hin und wieder herauszuspringen, aus der Geborgenheit, aus dem Dämmerlicht, das uns auch Schutz bietet, die Sicherheit der solide zusammengefügten Wand im Rücken. Denn ein Frosch, der sich auf die Reise begibt und aufs Meer hinausschwimmt, kommt um. Du mußt heraus aus deiner Isolation», hörte er die Stimmen seiner Freunde, die nicht zuletzt seine Konkurrenten waren. «Sieh nur, wie alt du schon bist, und noch immer bist du ledig. Laß uns dir eine hübsche Frau suchen.» Er hatte es lange hinausgezögert. Man hatte später angenommen, daß er nur darum geheiratet hatte, um seiner Mutter, die todkrank im Bett lag und ihn versorgt sehen wollte, eine Freude zu machen. Doch er hatte das Spiel seiner Mutter besser durchschaut als seine Freunde. Sicherlich war sie damals krank gewesen, doch sie hatte die Schwere ihrer Krankheit übertrieben, um ihm die Entscheidung, endlich zu heiraten, abzutrotzen. Es war das Ende der Gesprächsbereitschaft zu diesem Thema. Er war immer widerspenstig gewesen, was diese Heirat betraf. Und als sie merkte, daß ihre vielen Worte in diesem Punkt nichts fruchteten, hatte sie mit weiblicher Tücke einen Plan entwickelt, nach dessen Ausführung er auf der Strecke bleiben mußte und ihr zu Willen sein. Als er dann erkannte, in welchen Schlingen sie ihn mit ihrer Krankheit gefangen hatte, war es bereits zu spät: er hatte – als gehorsamer Sohn – seine Zustimmung gegeben. Als seine Mutter hatte, was sie wollte, und sich durchschaut sah, konnte sie ihren Triumph nicht verhehlen: «Ich wußte es ja, du bist ein guter Junge.» «Sie hat mich reingelegt, mich auflaufen lassen wie einen Anfänger aus der Provinz. Nur um ihre Enkelkinder zu kriegen. Als sei die Ehe eine Lebensversicherung.» Er war unzufrieden mit sich. Und so hatte man für ihn eine Frau gesucht. Seine Bedingungen waren einfach:

1. Die Frau muß bereit sein, ihn als Privatmensch zu heiraten und nicht als die Person, als die er in der Öffentlichkeit bekannt ist.

2. Sie darf nicht größer sein als er. Auch nicht in Schuhen mit hohen Absätzen.

3. Sie muß hübsch sein und ein rundes Gesicht haben.

4. Sie muß fähig sein, sich um seine Eltern zu kümmern, und fähig, den Haushalt zu führen.

5. Sie darf ihn während seiner Arbeit nicht stören.

Und nach einigem Suchen hatte man dann die richtige Frau für ihn gefunden, passend von Abstammung und Vermögen, liebreizend und willig, sich dem Manne zu fügen. «Sie behandeln uns wie unselbständige Kinder, wie an Fäden gezogene Marionetten, wie zwei von fremder Hand gelenkte Autos, die an Stelle des Benzins nur mit Gehorsam laufen. Die Form ist hier wichtiger als der Inhalt, wie Beton, der nicht denken kann.» Er vertiefte sich in ein Buch über Ikebana und blieb bis in den späten Abend hinein nicht ansprechbar.

Und dann ging alles seinen geregelten Gang. Die Welt war beruhigt. Endlich hatte er geheiratet. Er war nicht mehr Junggeselle, sondern Ehemann und später dann sogar zweifacher Vater, mit einem Jungen und einem Mädchen. Und die gesellschaftliche Norm hielt alles in festgefügten Maßen und Begrenzungen. «Ich bin ein ehrenwertes Glied dieser Gesellschaft, ein geeichtes Gewicht in einer langen Reihe von geeichten Gewichten. Ich rieche wie sie. Ich kleide mich wie sie. Wir begegnen uns in den gleichen Restaurants, in Foyers, Hotels und Studios. Aber denke ich wie sie, mit dem gleichen Zungenschlag der Ergebung, der Abhängigkeit?»

Und doch saß er auf dem Rand seines Brunnens und träumte immer häufiger vom Ozean. Wer sieht einem Brunnen schon an, ob der Frosch zu Hause ist? Und so begann er aus der Enge des Familienlebens herauszuhüpfen. Obwohl er nicht einmal sagen konnte, daß es ihm tatsächlich zu eng gewesen sei. Es war für ihn wie eine Formsache, wie ein dunkler Anzug bei offiziellen Anlässen. Den zog man später ja wieder aus. Unbestritten hatte das Familienleben auch seine Vorzüge: Schachteln, die man nach Lust und Vermögen eigenschöpferisch zusammenfügen konnte. Dabei hatte er mit seiner Frau auch noch großes Glück gehabt. Obwohl sie zunächst immer die Beleidigte spielte und ihm nur stumme Vorwürfe machte, wenn er wieder mal aus dem Brunnen gesprungen war, hatte sie sich schließlich doch damit abgefunden, war mit ihren eigenen Vergnügungen vollauf beschäftigt und hatte alle Hände voll mit ihren Kindern zu tun. Es war eine Vernunftgemeinschaft, in der beide einander zu ergänzen verstanden. Der Frosch saß noch immer vor seinen Füßen. «Na, kleiner Bruder, es sieht ja so aus, als wolltest du gar nicht mehr in deinen Brunnen zurück. Hast du denn keine Angst, daß dein eigener Mut nicht ausreicht? Wird man dich zurückkommen lassen? Wird nicht ein anderer deinen Platz einnehmen und ihn nicht wieder hergeben?» Da quakte der Frosch nur einmal laut und vernehmlich und hüpfte in langen Sätzen die Treppe hinunter auf das Meer zu. Wie erwartet, war die Sonne inzwischen rot geworden und versendete kein Licht mehr. Denn sie sammelte die letzten Strahlen für sich, bevor sie langsam im Meer versank. Zugleich ein kühler Wind vom Wasser herauf. Er zog seine Jacke über und stieg durch den dichten Bergwald die Treppe hinunter. Die Sonne war nicht mehr zu sehen. Als er wieder zur Brücke kam, war es schon dämmrig geworden. Es waren auch nicht mehr so viele Pärchen auf der Brücke, doch die restlichen standen engumschlungen gegen das Geländer gelehnt. Ihre heftigen Umarmungen brachten sie manchmal so aus dem Gleichgewicht, daß es auf ihn den Eindruck machte, als wollten sie sich gegenseitig übers Geländer in das langsam dahinströmende Meer stoßen. Und das Erstaunliche: die jungen Leute hielten sich alle an die Spielregeln, die sich, aus welchen Gründen auch immer, eingebürgert hatten: «Die Knöpfe der Blusen und Hemden dürfen nicht geöffnet werden. Und die Reißverschlüsse selbstverständlich auch nicht!» Und so wurden die Kleidungsstücke so weit verschoben, wie es nur ging. Die weiten Blusen der Mädchen hatten Platz für viele Hände, und die Jungen nahmen dafür die Gürtel ihrer Hosen ab, bevor sie mit ihrem Mädchen auf die Brücke gingen. Er sah in die Augen eines hübschen Mädchens, das sich gerade in die Schultern eines kleineren Jungen verkrallte. Sie hatte ihre Augen weit geöffnet und stöhnte leise, als der Junge seine nervöse Hand zwischen die verwaschenen Bluejeans und ihre Haut schob. «Jugendliches Brausepulver, ohne die Weichen der Vernunft, noch nicht an die Zügel der Notwendigkeit genommen oder abgesichert mit einem Reservefallschirm voller Erfahrungen.» Er stellte sich dieselben Augen vor, wie sie mit Tränen gefüllt, wenige Monate später, den nahe gelegenen Has-Kannon-Tempel aufsuchen würden. Denn dort wurden dem Schutzpatron der

Kinder kleine Figuren geopfert. Und am häufigsten kamen junge Mädchen, die abgetrieben hatten, um die Zahl der unzähligen Figuren noch unzählbarer zu machen. «Hau ab, du Spanner!» schrie ihn der Junge an, ohne sich umzudrehen. Er fühlte sich verletzt durch die schroffe Ablehnung, beleidigt durch den Ton und die Unterstellung. «Wie redet er mit mir, dieser Grünschnabel? Bin ich ein alter Mann, den man wie ein lästiges Insekt verscheucht? Ist diese Brücke Privatbesitz einiger weniger, zu denen ich nicht gehöre?» Er überlegte eine scharfe Erwiderung, ließ es aber, da sich niemand um ihn kümmerte. «Sie behandeln mich wie Luft.» Er fühlte sich angebellt, ohne daß er den Hund ausmachen konnte. Langsam, den Blick auf die ausgetretenen Bohlen der Brücke gerichtet, ging er zurück. «In der Stadt erheben sie nicht derart ihre freche Stimme gegen mich. Ich werde diesen Ort meiden», beschloß er und kehrte in die Stadt zurück, heim in seinen Brunnen.

Notizen, Griechenland

Gewalt und Tod bedeuten für mich kreative Urkräfte. Es ist töricht, daß die moderne Gesellschaft die positive Bedeutung des Todes immer mehr vergißt, Abwehrhaltung zu ihm einnimmt und mit allen chemischen Tricks und elektrischen Geräten das Leben gegen ihn verlängert und damit den Widerstand. Tatendrang ist gut, Tatenlosigkeit schlecht. Das Wichtigste ist, für eine Idee zu kämpfen.

. . . Ich trainiere meinen Körper, damit er wert ist, zerstört zu werden. Bevor ich fünfzig bin, werde ich Selbstmord begehen.

. . . «Wie seltsam», schreibt Jean-Christophe Bailly, «daß ein Diebstahl einem Ort die fehlende Vollendung gibt: Nofretete in ihrer Vitrine gehört zu Berlin wie der Obelisk von Luxor zu Paris, der nun der Place de la Concorde die Lösung seines geometrischen Rätsels aufgetragen hat.»

Ich betrete griechischen Boden, die klassischen Abmessungen der Dioskuren, das Land vollgesogen mit Homer, Platon, Euripides.

Das Meer mit seinen trunkenen Farben, das Land mit seinen zahllosen Gerüchen, die vielen Inseln, die ihre Götter abgegeben haben. Ein Fischerboot bringt mich in ruhiger Fahrt nach Delos. Das Ockerlicht der Nachmittagssonne blendet nicht mehr. Die in Stein gehauenen Gesichter sind verwittert, abgespült vom Regen, eingekerbt vom Wind, allein gelassen. Bemalt waren einst die

Lippen und Augen, das Haupt- und Schamhaar, die Gewänder mit ihren Borten, die Helme, die Waffen und Schilde. «Wenn du gleiche Macht gehabt hättest wie Einsicht, Demosthenes, hätte nie der Makedonen Kriegsgott Griechen unterworfen.» Unter Alexander begann sich das Land in einen riesigen Steinbruch zu verwandeln, einer Baustelle gleich. Ödipus geht noch immer übers Land, Sophokles ist nicht tot, Orest nicht und nicht der Chor der Bacchanten. Die Schönheit ihrer Körper ist zeitlos: schmal in den Hüften, breit in den Schultern und von hohem Wuchs, der Blick kühn und stolz, die Bewegung in beispiellosem Licht. Oleander in voller Blüte an den Hängen, eingelegte Oliven in erdigen Tonkrügen, weit sichtbar vom Meer aus die weißen Kuppeldächer ihrer einfachen Häuser, die das verzerrte Gesicht der Kriege kennen, die Wundmale von Gewalt und Rache. Ihre sonnige Heiterkeit ließ sich nicht ausplündern, auch wenn sie ihre Kultur stückweise durch die Welt trugen, als Beutegut der Sieger. Auch das Licht ließ sich nicht fassen, das sanft gekräuselte Meer, die Sonne über den attischen Bergen. Ihr Wein, ihre Früchte, das frisch gebrochene Brot im Schatten der Bäume ließ sich nicht vergiften. Und den Stolz erkannten sie erst zu spät. Die Luft ist voll von Legenden, es steckt noch in den zahnlosen Mündern, inmitten zerfurchter Gesichter vor den mittäglichen Häusern, in den schattigen Laubkronen der Bäume, du brauchst es nur zu erlauschen, auch wenn du erkennbar ein Fremder bist. Setz dich zu ihnen an die gescheuerten Holztische und lehne ihren Wein nicht ab, selbst wenn er dir zu harzig schmeckt, auch ihn hat dieses Land hervorgebracht.

. . . Bin mit Freunden nach Mykonos übergesetzt. Die engen, hellen Gassen in der Altstadt, gleich unten am

Hafen, flirren von nachmittäglicher Hitze. Mit einem Bus fahren wir an den Nacktbadestrand hinaus, das letzte Stück mit einem Boot. Kristallklares Wasser, langer weißer Strand, von Felsen umgeben in dieser Badebucht. Sie nennen es ihren «Teutonengrill» und zelebrieren ihren Besitzanspruch mit Obst und Champagner. Danach befragt, reagieren sie aufgebracht. Ihr Meer, ihr Strand, ihre Luft, ihre Sonne, der Duft der Limonen, von Jasmin, Ginster und Oleander? Die überall gegenwärtige Geschichte mit den abgeschlagenen Köpfen und Armen? Dieses Phimose-Atoll mit den falschen Pässen, immer gleich Besitzer, niemals Gast, immer nur Zuchtmeister und Weltverbesserer, niemals Freund? Ihre gekauften und von welken, einst schön gewesenen Händen gestrickten Schafwollpullover, die noch immer so unangenehm wie vor Hunderten von Jahren auf der Haut schaben, entschädigen für nichts. Diese alten griechischen Männer und Frauen, die du in kleinen Gruppen vor ihren Häusern oder in ihren gekalkten Kirchen findest, lassen sich zwar für ihre Dienstleistungen von den Fremden nicht übel bezahlen, kaufen lassen sie sich nicht. Dieses Land hat bereits andere Invasionen überstanden.

. . . Dieser letzte Abend erfüllt mir alle meine Wünsche. Das nächtliche Bad im ruhigen Meer, auf dem der Vollmond glüht, und die kräftigen, hornigen Hände auf meiner Haut, Handflächen, die zu tanzen verstehen, die Geschmeidigkeit eines sonnengebräunten Körpers, der meine Sprache nicht spricht, wie ich die seine nicht.

. . . Blüten treiben hinter uns im Wasser, breiter Stoff bedeckt den Strand in einer Nische unterhalb der Felsen, fremden Späheraugen verborgen. Unsere nächtlichen Schreie ähneln denen beutesuchender Vögel. Der Seewind trocknet immer wieder unsere Haut, unsere Lippen

kennen einander genau, durch unsere Haut pochen Geschichten, suchen einander. Unsere Füße verhaken sich, ein unrasiertes Kinn kratzt rote Male auf meine Schulter, ein junges Gesicht verträumt Stunden später den Rest der Nacht auf meiner Brust. Er ist aus dem Dorf, ein Kellner in einem kleinen Restaurant, das seinem Onkel gehört. Nach Geld verlangt er nicht, die einzige Apfelsine aus seinem Badebeutel teilen wir mit lachenden Augen. Er steigt wie ein junger Gott aus dem morgendlichen Bad, als sei er im Meer geboren, den Schlaf von sich schüttelnd wie ein nasser Hund. Der neue Tag verschweigt nicht die Nacht, anders als in Paris oder in Hamburg, in New York, wo ich am Morgen zurückblieb, allein, wie ein grauer Vorhang hinter einem Fenster. Hier bleibt eine auf ein Lederband gezogene blaue Glasperlenkette in meiner Hand zurück, als ich Stunden später, gegen Abend, die Fähre nach Athen nehme. Diese Kette liegt unzerbrochen vor mir auf meinem Schreibtisch, eine Nachtblüte, unfähig zu verwelken.

Im öffentlichen Bad

An der U-Bahn-Station Shibuya wechselte er zum erstenmal das Taxi. Die Klimaanlage schnarrte so laut, daß sie das Getöse der langsam dahinkriechenden Autoschlangen übertönte. Lange, unbewegliche und plumpe Raupen, die in ihrem eigenen Dunst stehen, gezogen und geschoben von einer unsichtbaren Regie innerhalb der Masse. Wahrscheinlich hatte der Polizist, der inmitten der Kreuzung den Verkehr regelte – die Ampelanlage war wieder mal, wie so häufig, ausgefallen –, einen Ohrenschutz. Ein Atemgerät vor Mund und Nase schützte ihn gegen die Abgase. Er hat etwas von einem Dirigenten in einer Quarantänestation, fuhr es ihm durch den Sinn. Er lehnte sich unbehaglich gegen die Wagenpolster, die, von weißen Spitzenüberzügen geschützt, im Verlauf des Tages durch die vielen Fahrgäste grau geworden waren. Er verdrängte seinen flüchtigen Ekel und beobachtete den Polizisten aus den Augenwinkeln heraus, ein Taschentuch zwischen Sitzpolster und Kopf. Die Autoschlangen schoben sich nur mühsam voran, hilflos schwang der Verkehrspolizist seinen Stock und bemühte vergeblich seine kleine silberne Pfeife. Mit seinem Atemschutzgerät ähnelte er einem gestrandeten Taucher. Die Augen schließen und mit der Vorstellung versinken, Tokio sei eine Stadt auf dem Meeresgrund und das penetrante Geräusch der Klimaanlage das Wogen des Meeres. Selbst wenn er den Tokio Tower

besteigen würde, wäre er ohne Chance, durch die Meeres-
oberfläche zu stoßen. Die Ströme von Menschen, die sich
durch die Straßen drängten, würden durch den neuen
Widerstand noch langsamer werden. Die Uhren würden
nicht mehr so hastig ticken, und der Klang der Tempel-
glocken würde ein ungeheures Echo haben. Das Nikotin
auf seinen Lippen schmeckte in seiner Vorstellung wie
Meeresjod, wie der Sud aus wohlschmeckenden Algen.
Und er würde sich vom Meeresgrund kräftig mit den
Füßen abstoßen und schwerelos langsam nach oben
schweben, dem Licht entgegen, um beide Lungenflügel
mit reiner Meeresluft zu füllen. Wie einen der sonnenhei-
ßen Ziegenlederschläuche von den griechischen Inseln
mit frischem, kühlem Wasser. Und er würde über sich nur
den klaren Himmel haben und in beiden Augen die heiß-
blütige Sonne, die ungezählten Sterne in der Nacht. Der
Taxifahrer hatte die Trennscheibe zur Seite geschoben und
rief ihm enthusiastisch die Ergebnisse des letzten Base-
ball-Turniers nach hinten. Er winkte dankend ab, nicht
bereit zur Gegenrede. Aber da die Radioübertragung des
Spiels vorbei war, suchte der Fahrer nach neuen Möglich-
keiten zu einem Gespräch und brabbelte vor sich hin. Er
erhielt keine Antwort, die Augen des Fahrgastes hatten
sich geschlossen.

Der Stau hatte sich aufgelöst, und sie näherten sich den
Vororten. Die Straßen wurden immer enger, nach und
nach verengten sich auch die Bürgersteige, bis sie schließlich ganz in der Fahrbahn aufgingen. Dafür behinderten
jetzt Fußgänger den Autoverkehr. Immer wieder mußte
der Fahrer bremsen, weil ein paar Kinder auf die Straße
sprangen, ohne sich umzusehen. Ein Warenlieferant für
eine Imbißbude, das Fahrrad vollbeladen, beanspruchte
für sich, um im Gleichgewicht zu bleiben, die ganze Breite

der Fahrbahn. Es fröstelte ihn in seinem weißen, kurzärmeligen Hemd, denn die Klimaanlage arbeitete mit äußerster Kraft, aber er fand es nicht der Mühe wert, um Mäßigung zu bitten. «Die ist kaputt, da kann ich nichts machen», schrie der Fahrer, der seine Gedanken zu erraten schien, um dann in einem Atemzug vom Baseballspiel überzuwechseln zu den Schwierigkeiten, für ein sechs Jahre altes Auto noch Ersatzteile zu bekommen. Inzwischen war es dämmrig geworden, bald würde es dunkel sein. Mit einemmal wurde er ungeduldig und befahl dem Fahrer unwirsch, zu halten, zahlte und sprang aus dem Wagen. Die schwüle und drückende Abendhitze überfiel seinen verkühlten Körper mit unerwarteter Heftigkeit. Im Nu war er am ganzen Körper naßgeschwitzt, sein leichtes Hemd begann zu kleben wie eine zweite Haut. Er ging in die nächstbeste Bar und verlangte nach einem Glas Calpis. Als er es erhielt, stürzte er es in zwei kräftigen Schlucken hinunter, um nach einem neuen zu nicken. Die Eiswürfel klingelten im Glas und ließen die Außenfläche beschlagen, ein milchigtrüber Bodensatz blieb zurück. Erfrischt verließ er die Bar, um sich auf seinen Weg zu machen. Er ging zwischen den niedrigen Holzhäusern die Straße hinunter. Der Automat an der Ampel, der die Blinden davor warnen sollte, bei Rot die Straße zu überqueren, war defekt und dudelte immerfort seine hohe, monotone Melodie. Er sah sich in der Gestalt eines Blinden, der stundenlang an der Ampel stünde, jeden Augenblick darauf hoffend, daß das Signal ihm den Übergang gestatten würde. Und fragte sich, ob denn alle Blinden so unmusikalisch seien oder ob die Stadtverwaltung durch diese Melodik die Behinderten zusätzlich noch strafen wolle. Hinter der Kreuzung begann jener Abschnitt der Straße, den er eigentlich mit Hilfe des Taxis so schnell wie möglich hinter sich hatte bringen wollen. Denn hier war der alte Kern der Gebäude abgerissen worden, nachdem der Grundbesitz des kleinen Tempels verkauft worden war. Der Oberbonze saß nun in einem der neuen Apartmenthäuser und war dort sehr zufrieden. Denn nun verfügte er über eine moderne, komfortable Wohnung und hatte für den Rest seines Lebens ausgesorgt. Überall war diese räumliche Enge. Grundbesitz in der Stadt erwies sich als reines Platin. Die fünfgeschossigen Häuser waren einander so dicht auf den Leib gebaut, daß sich die Nachbarn ohne zu schreien bei geschlossenen Fenstern gut miteinander hätten unterhalten können. Doch sie hatten nach und nach die Fenster durch Milchglas ersetzt und große Klimaanlagen auf den Fensterbrettern anbringen lassen, weil sie die Fenster zueinander nicht mehr öffnen wollten. Der alte Baum- und Strauchbewuchs der Tempelanlage war rücksichtslos zerstört worden, so daß die Anlage jetzt kahl und verkarstet, wie verbrannte Erde, aussah. Die neuen Bewohner hatten keine Beziehung mehr zu diesem alten Viertel voller Traditionen und Geschichten, es war ihnen fremd und gleichgültig. Sie kamen nur noch zum Schlafen hierher, und selbst ihr Bier tranken sie irgendwo in der riesigen Stadt. Die Würde des Ortes hatten sie nicht erkannt, die Verletzlichkeit seiner Vergangenheit. Das Wissen, daß in wenigen Jahren das ganze Viertel durch solche Neubauten seine Atmosphäre verlieren würde, machte ihn traurig. «Sie zerstören ihre Wurzeln und schütten die Blüten von ihren Tellern, bald werden sie unfähig sein, ihre alten Schriftzeichen zu lesen.» Nachdem er das Neubaugebiet hinter sich gelassen hatte, empfand er den Anblick der alten Holzhäuser als ungemein beruhigend. Er tauchte in den schmalen, belebten Gassen unter und sog die ständig wechselnden Gerüche tief in sich ein.

Lange und andächtig blieb er vor einem Geschäft stehen, das eingelegtes Gemüse verkaufte. Der Anblick der verschiedenen Gemüsesorten, die fast noch roh aussahen, aber in ihrem Geschmack so verändert waren, reizte ihn immer wieder.

Die Kasse hing in einem ausgefransten Strohkorb vom Deckenbalken herab. Und während die alte, schlohweiße Verkäuferin in leierndem Singsang ihre Waren anbot, zog sie ständig den Kassenkorb herab, um ihn wieder zurückschnellen zu lassen. So als wolle sie damit demonstrieren, daß die Kasse noch immer nicht voll genug sei, um ohne Sorge den Laden schließen zu können.

In der kleinen Sake-Bar nebenan saß eine Gruppe von Männern, die sich nach der Arbeit zusammengefunden hatten, um noch miteinander zu trinken, milden kühlen Masu-Sake aus kleinen Holzkästchen, mit etwas Salz über Eck getrunken, und eiskaltes Lagerbier aus Sapporo. Sie schienen in aufgekratzter Stimmung, ihre Sakkos hingen schief über den Barhockern, auf denen sie saßen, die Hemden aus den Hosen gerutscht und schief die verknautschten Krawatten über den halbaufgeknöpften Hemdbrüsten. Ihre Gespräche waren äußerst hitzig. Schweiß perlte von ihren Gesichtern, tropfte übers Kinn und durchnäßte die helle Baumwolle. «Selbstgefällig, überheblich und zu laut, sie könnten ebenso auf den Grabsteinen ihrer Vergangenheit sitzen, ohne es zu bemerken», dachte er im Vorübergehn, mit einem Achselzucken und gekrümmten Mundwinkeln. Lauthals schrien sie durcheinander: «Noch ein' Sake!», «Eine gebackene Aubergine!» oder «Gib mir noch mal Tempura!» «Schreihälse», dachte er für sich, «sie sind wie aufgeblasene Luftballons», und wich aus, als einer der Trunkenbolde vor die Tür gewankt kam, seinen Hosenschlitz öffnete und ungeniert mit sattem Strahl mitten auf die Straße pißte. Eine Woge von Abscheu schüttelte ihn, hastig beschleunigte er seine Schritte, fühlte sich besudelt von dem Anblick. Rasch betrat er eine kleine Drogerie und kaufte bei dem etwa zehnjährigen Mädchen, das vereinsamt zwischen den Parfums, Lippenstiften und Seifen neben der Kasse stand, so als habe man es irrtümlich hierher gebracht und vergessen, ein hellblaues Plastikbecken und ein rauhes, weißes Handtuch. «Das Lächeln des Kindes wirkt wie ausgeborgt, es wirkt wie das einer Greisin, wie eine Pflanze, die bereits vor dem Blühen welkt.» Nachdenklich verließ er die Geschäftsstraße und bog in eine der noch engeren Wohnstraßen. Die bis ans Dach reichenden Mauern waren hier noch alle aus Holz in verschiedenen Maserungen und Farbtönen. Sie standen ganz eng an den niedrigen Holzhäuser und ließen nur einen kleinen Durchgang zur Vordertür offen. Da die Fenster sonst kein Licht hereinließen, hatte man in die Bretterzäune Durchbrüche eingefügt, diese aber mit kleinen Ziergittern verschlossen. Vor diesen Zäunen standen auf Sockeln und kleinen Bänken kunstvoll arrangierte Wäldchen von verschiedenartigen Bonsaibäumen, besonders Mädchenkiefer und Ahorn, aber auch Wacholder und Rotdorn. Allen Bonsais war ihre sorgfältige und sachkundige Pflege anzumerken, die mühsame Obhut vieler Jahrzehnte, der Baumschnitt, die Düngung, die behutsame Wässerung, um die empfindlichen Wurzelstöcke nicht vom sie umgebenden Erdreich freizuspülen.

Er bog um die Ecke und stand vor seinem Ziel, dem hohen, stattlichen Gebäude, in dem sich das öffentliche Bad befand. Hier schien die Zeit stillzustehen, nichts hatte sich in den Jahren verändert außer den Furchen der Alterung, die überall sichtbare Spuren hinterlassen hatte. Aus dem schlanken, hohen Schornstein stieg heller, klarer Rauch auf, ein sicheres Zeichen dafür, daß die Betreiber des Bades nach wie vor mit Holz die großen Bottiche mit dem Badewasser erhitzten. Aber er wußte, daß auch hier der Fortschritt nicht haltgemacht hatte. Denn schon vor Monaten war hier ein neuer Ofen eingebaut worden, der sich ebenso mit Holz wie mit Gas beheizen ließ. Und er war sich keineswegs sicher, wie lange sich noch dieser klassische Badebetrieb mit Holzfeuerung würde aufrechterhalten lassen, bei den ständig steigenden Holzpreisen. Und wieder würde damit ein gutes Stück alter Tradition verlorengehen. Er duckte sich rasch unter dem kurzen Vorhang hindurch, auf dem groß das Wort «Männer» gedruckt stand. Ging durch eine Tür und betrat die schmale Vorhalle. Die vielen Schuhe in Reih und Glied wiesen auf die zahlreichen Besucher des Bades hin. Ein paar Stufen führten hinauf. Da es schon relativ spät war, würde sich das Bad ohnehin bald leeren, da die meisten Familienväter zu ihren Familien nach Hause mußten. Er grüßte den Kassierer, der auf einer Erhöhung inmitten des großen Baderaumes saß, und zahlte seinen Eintritt. Die Halle war genau in der Mitte durch eine hohe Holzwand unterteilt, links für Männer und rechts für die Frauen. Und so konnte der Kassierer mit dem linken Auge die Männer und mit dem rechten die Frauen geschickt im Auge behalten. Doch der alte Mann, knorrig und verschrumpelt wie eine alte Wurzel, war schon derart verankert in dieser Szenerie, die einen großen Teil seines Lebens ausmachte, daß er wahrscheinlich gar nichts mehr wahrnahm. Sein Gegengruß glich eher dem Verscheuchen einer lästigen Fliege, und seine Pupillen, trübe und grau, spiegelten kein Erkennen wider. Seine ältliche Tochter dagegen war ein intensiver Bestandteil der Badezeremonie. Sie eilte geschäftig von der einen zur anderen Seite, gab den Neuankömmlingen einen großen geflochtenen Bastkorb und hatte mit jedem noch einen kurzen Tratsch zwischen Tür und Angel. Betrat ein hübscher Bengel die Badestube, stemmte sie resolut ihre Fäuste in die Hüften und sagte breit grinsend: «Weißt du, so jung war mein Mann auch mal.» Wobei sie ihm schelmisch zublinzelte und genüßlich den Vorgang des Entkleidens beobachtete. Früher waren fast alle Bewohner der Gegend abends im Bad anzutreffen. Doch inzwischen war der Besuch rückläufig, immer mehr hatten sich zu Haus ein Bad eingerichtet, so daß nur noch die kamen, die zu arm waren für ein eigenes Bad oder die nicht auf das abendliche Ritual der Entspannung verzichten wollten. Zum anderen waren die Badepreise in den letzten Jahren auch so gestiegen, daß sich viele Familien den Besuch nur noch ein- oder zweimal in der Woche leisten konnten. Er hatte sich absichtlich das kleine Becken und das Handtuch gekauft, denn es war auch eine Art von Symbol: «Ich komme zwar selten, doch ich wohne gleich um die Ecke und gehöre zu euch.» Nur so konnte er an der Gemeinsamkeit des Bades teilhaben, als Vertrauter unter Vertrauten. Denn wer nicht persönlich bekannt war und ohne Becken und Handtuch kam, wurde als Fremder nur widerwillig geduldet, behandelt wie ein Fremdkörper, wie ein Eindringling in eine fremde Welt. Die Bademeisterin schaute ihn skeptisch an, abwartend und sich nur schwach erinnernd, daß er vor einem halben Jahr schon einmal dagewesen sei. Er hielt ihrem Blick, der ihn prüfend durchlöcherte, regungslos stand. Und um seine lange Abwesenheit zu erklären, sagte er, daß er von seiner Firma nach Hokkaido geschickt worden sei. «Ach, da wohnt eine Schwester von mir. Wo waren Sie denn dort?» kam die Gegenfrage. Doch er wurde einer

Antwort, die er sich rasch zurechtgestümpert hatte, enthoben, weil in diesem Augenblick drei junge Studenten das Bad betraten, die von der Frau gleich mit Beschlag belegt wurden. Er entkleidete sich langsam und zog sich so geschickt aus, daß im Augenblick der Wahrheit das Handtuch seine Blöße bedeckte, und legte seine Kleidungsstücke sorgfältig in den Bastkorb, den er anschließend in eines der naturtonigen Regale längs der Wände abstellte. Dann nahm er das Plastikbecken und betrat den eigentlichen Baderaum, der durch eine Glasscheibentür von dem Umkleideraum getrennt war. Unbefangen blickte man ihm entgegen, sein Becken in der Hand wies ihn als ungefährlich und vertraut aus. Er hatte sich aus einem Automaten im Vorraum ein kleines Stück Seife und Shampoo gegen ein paar Münzen gezogen. Diese legte er jetzt auf den kleinen Sims, der sich in Kniehöhe entlang des Raumes zog, von Wand zu Wand. Kleine Spiegel hingen in Abständen über dem Sims und Wasserkräne darunter, immer zwei, warm und kalt. Er näherte sich dem großen Badebecken, in das immer wieder heißes Wasser nachlief, und schöpfte mit seinem Plastikbecken mehrmals Wasser heraus, das er sich über seinen verschwitzten Körper goß.

Die wohlige, reinigende Hitze des heißen Wassers entspannte ihn schlagartig. Er verlor auch die Scheu und sein anfängliches schlechtes Gewissen wegen seines heimlichen Ausflugs in die Welt der einfachen Leute. «Es ist leicht für dich, du kommst und gehst, wie ein Transitreisender. Nie bleibst du. Nur für diese Menschen hier ist es Alltag, ist es heute und gestern und morgen. Vor den Türen ihrer Behausung endet auch ihre Welt. Sie zählen noch die Krumen ihrer Ernährung mit den Fingern in ihrer Hand. Sie erfinden sich nicht ihre Wirklichkeit wie du, sie sind unverstellt und verwundbar.» Es drängte ihn näher heran an diese Menschen, doch Distanz und Gleichheit sind nicht mischbar. Er setzte sich auf den Beckenrand und tauchte seine Beine bis zu den Oberschenkeln ins heiße Wasser. Vor ihm hockte ein alter, kahlköpfiger Mann und grinste zu ihm hinauf: «Heiß heute», wobei offenblieb, ob er das Wetter oder die Wassertemperatur meinte. «Ja, heiß», nickte er bestätigend und hockte sich vorsichtig neben den alten Mann, bis ihm das Wasser bis zum Kinn ging. «Wie war's im Büro?» wollte der Alte wissen. «Hm, so wie immer», wich er aus. «Und wie war's bei Ihnen?» – «Ach, so ein dummer Straßenköter hat meine Zwergkiefer umgeworfen, die Schale zerbrach dabei, eine schöne alte Schale», er zuckte bedauernd mit den Schultern und schloß erschöpft die Augen. Das heiße Wasser eignete sich nicht zu langen Gesprächen, stellte er befriedigt fest. Und begann in Ruhe, sich die anderen Badegäste anzuschauen, Sammler, Chronist und Liebhaber zugleich. Beim Anblick dieser Glatze des alten Mannes neben sich fuhr ihm ein Zweizeiler durch den Sinn, den er innerlich belustigt sich noch einmal wiederholte: «Wen einer Göttin Huld lohnt so auf Erden, wird sicherlich alt wie der Kranich werden.» Zwei Knaben tanzten ausgelassen um ihren Vater herum und schrubbten ihm den Rücken, wobei sie sich über die hohe Trennwand hinweg übermütig mit ihren Schwestern unterhielten, die gleichzeitig in der Frauenabteilung den Rücken ihrer Mutter bearbeiteten. Die drei Studenten von vorhin saßen in einer Ecke beieinander und erzählten sich vor dem Bad erst noch die neuesten Geschichten, mit gedämpftem Tonfall, damit sie sich nicht in Frauenohren verirrten. Er mußte unwillkürlich schmunzeln. Ein etwa vierzehnjähriger Junge untersuchte gerade im Spiegel den Flaum seines

Bartwuchses. Drei andere Männer in gesetzten Jahren waren still und wortlos mit ihrer Körperpflege beschäftigt. Ein kleiner Junge, wohl schon zu alt, um mit seiner Mutter in die Frauenabteilung zu dürfen, bohrte in seiner Nase und schien keine Lust auf das Baden zu haben. Er schien darauf zu warten, wieder abgeholt zu werden.

Das heiße Wasser hatte seinen Körper inzwischen durch und durch entspannt und entkrampft, die Muskeln und Sehnenstränge fühlten sich geschmeidig an. Er genoß dieses Gefühl der Lockerheit, ohne die Verspannung im Genick, die sich immer dann einstellte, wenn er zu lange am nächtlichen Schreibtisch seiner Müdigkeit getrotzt hatte.

Er stieg aus dem großen Becken, nahm seine Sachen und setzte sich neben den Burschen, der noch immer nach seinen Bartstoppeln fahndete, und begann, sich einzuseifen. Mit Hilfe eines Spiegels beobachtete er den Burschen, der ihn ebenfalls zu mustern begann. Obwohl das ganze Gesicht voll entzündeter Pickel war, grinste er breit und ohne Scheu, so, als wollte er sagen: «Hier sind wir alle nackt, da bedeutet mein Schönheitsfehler nichts, überhaupt nichts.» Dann nahm der Junge eine große Portion aus seiner Shampootube und schäumte sich in seiner Schamgegend so kräftig ein, daß sein Geschlechtsteil unter dem Schaum begraben wurde. Immer wieder nach anderen Badegästen Ausschau haltend, rieb er nun sein Stück Seife auf dem Waschlappen und begann damit, seinen Körper einzuseifen. Zwischendurch mischte er in seiner Schale heißes mit kaltem Wasser und goß es sich über den Rücken. Im Spiegel sah er, daß sich das Geschlecht des Burschen langsam erregte. Es stieß durch den Schaumhügel hindurch, und als der Bursche seine Erektion bemerkte, verdeckte er sie rasch mit seinem Handtuch. Blickte nun auch nicht mehr durch den Spiegel zu ihm herüber, sondern senkte verschämt den Blick und begann laut und falsch einen Schlager zu pfeifen. Er hatte wohl auch die anzüglichen Bemerkungen der Studenten mitbekommen: «Wozu eine normale Nichtigkeit verstecken?» Er stieg, nachdem er sich die Haare gewaschen hatte, ein zweites Mal ins heiße Wasser, schloß behaglich die Augen und fragte sich, warum so viele Leute auf die öffentlichen Bäder verzichteten und es vorzogen, zu Hause allein zu baden. Er dachte an die Bäderkulturen in der Türkei, in Ägypten, in Griechenland, im Libanon oder an die Bäder in Paris, die er besucht hatte, das Bad Marcel Prousts, das Pentièvre oder das doppelgeschossige am Place de Terne, das Poncelet. Er spürte plötzlich den scharfen Biß der Sehnsucht, als er sich an das Jugendstilbad im Herzen Manhattans erinnerte, das Everad Bath in der 38. Straße. Eine unwirkliche Welt mit Kacheln, mit Schwimmbecken und halbdunklen Kabinen, mit den Duftwogen von verschüttetem Amyl Nitrit, das sie Poppers nennen, mit Scharen hochgewachsener Männer, mit den Lustlauten hinter zugeschlagenen Türen. Hände, die in den Dampfräumen über ihn kamen und ihn wieder verließen, ohne daß sie sein Blick zu sehen bekam, die er nur fühlen konnte und von denen er gefühlt wurde. Diese Welt hier um ihn herum war anders, enger, unfreier, körperfeindlicher? Er sah sich um und dachte an seinen eigenen Alltag, an den seiner Freunde, die er gut zu kennen glaubte. Es war immer wieder das gleiche Ritual: erst der Hausherr, dann die Kinder und zuletzt, am Abend, nachdem die Küche aufgeräumt und die Kinder zu Bett gebracht waren, die Frau des Hauses. Er seufzte, weil er ja selber nur sehr selten die Gelegenheit fand, ein öffentliches Bad aufzusuchen. Und gleichzeitig war ihm bewußt, warum er nur in Ausnahmefällen diese Situation genießen konnte. Denn die Vorstellung, in ein Bad zu gehen, wo ihn jeder kannte, jeder wußte, wer er war, erschreckte ihn. Nur hier, in den Außenbezirken der Stadt, in den Vierteln der einfachen Leute, durfte er sicher sein, daß seine Stellung im öffentlichen Leben unentdeckt blieb. Als er wieder seine Augen öffnete, erblickte er einen untersetzten, kräftigen Mann vor sich, dessen Körper wie ein einziges Bild wirkte. Auf Brust, auf Rücken und Oberschenkeln waren meisterliche Gemälde eingestochen, die sich zu einem Gesamtbild zusammensetzten, ausgehend von dem Rückentattoo, in dessen Mittelpunkt ein streng blickender Sumo, ein japanischer Ringkämpfer, stand, in Dunkelblau mit Rot, umgeben von Blatt- und Blumenornamentik, japanischen Schleierfischen und Fächersymbolen. Auf der Brust lief zwischen beiden Schulterteilen bis hinunter zu den Oberschenkeln ein breiter heller Hautstreifen ohne jede Muster. Es sah aus wie eine knielange Weste. In der Mitte offen, dafür an den Seiten über und über bestickt. Ohne Zweifel von der Hand eines Meisters in monatelanger Feinarbeit gestochen. Rotunterlegte Sternblumen mischten sich mit großangelegten Schleierfischen bis weit auf die Oberschenkel hinunter, um dort in großflächigen Rundungen abzuschließen. Der junge Mann, der diesen Körperschmuck trug, beugte sich geradewegs zu ihm herunter, um mit seinen Händen Wasser zu schöpfen. Dabei trafen sich ihre Blicke, die des einen mit unverhohlener Bewunderung. Der junge Mann lachte und deutete die aufgerissenen Augen falsch: «Heiß heute, he», aber er erhielt nur ein kurzes und abgehacktes «Hm» zur Antwort. Dennoch spürte er die Bewunderung im Blick und genoß sie geschmeichelt. Als er sich dann endlich neben ihm ins Becken hockte, klatschte ihm das

warme Wasser in kleinen Wellen gegen den kräftigen Hals. Er trocknete sich das Gesicht mit seinem Handtuch, faltete es zusammen und legte es sich auf seinen kurzgeschorenen Kopf. «Wissen Sie, mir kann es nicht heiß genug sein, wegen . . .» sagte er und sprach, mitten im Satz abbrechend, ein paar Worte zu den Studenten, die, inzwischen zum zweitenmal eingeseift, erregte Diskussionen führten.

Durch einen raschen Seitenblick entdeckte er, daß der Junge von vorhin, der mit den Pickeln, seine Sachen zusammenpackte und hoffte, daß der freiwerdende Platz von dem Tätowierten besetzt werden würde. Es war ihm nun doch zu heiß geworden, und er verließ das Wasser, um sich an seinen Platz zu begeben. Bald darauf verließ es auch der Tätowierte und setzte sich neben ihn. Ein rascher Seitenblick zeigte ihm, daß das Geschlecht des anderen genauso gut ausgebildet war wie sein Körper, und bemerkte, daß der Tätowierte ihn genauso verstohlen musterte und seine Brustbehaarung zu bewundern schien, dann glitten seine Blicke tiefer. Als er sich einzuseifen begann, verschwanden die tätowierten Bilder wie unter einer Decke aus Schnee. Er schien es gewohnt zu sein, bewundert zu werden, und wusch sich ungeniert, während die Blicke um ihn herum surrten, wie aufgeregte Hummeln, als wollten sie Löcher in seinen Körper fräsen, Furchen aus Neid, aus Bewunderung und Begierde. Geschmeichelt wandte er sich an ihn: «Schau'n Sie, hier, das hat Meister Okagami selber gestochen. Er ist aber jetzt schon so alt, daß er nicht mehr selber sticht.» Er hat dunkle, ungepflegte Zähne und riecht aus dem Mund, ging es ihm durch den Sinn. «Was sagt denn Ihre Frau dazu, ich meine, zu Ihrer tätowierten Haut?» «Ach die, die sagt, ich sei kalt wie ein Fisch, wenn sie mich im Arm hält.

Obwohl sie sich doch nicht beklagen kann», und damit deutete er auf sein Geschlechtsteil. «Er ist ein aufgeblasener, eitler Narr, obwohl er mir gefällt. Er hat Kraft. Er ist ein Stier, und seine Hüften sind schlank, so wie ich es mag.» Da es ungewöhnlich und auffällig gewesen wäre, sich noch ein drittes Mal zu waschen, stieg er mit einem Kopfnicken nur noch einmal kurz in das Wasserbecken und bewunderte von dort, nicht ohne einen gewissen Neid, den prachtvollen Rücken des Tätowierten. Dann packte er seine Sachen zusammen und ging hinüber in den Ankleideraum. Dort trocknete er sich ab, wusch sein Handtuch in klarem Wasser und zog sich ohne Hast an. Dann nahm er sich einen Joghurt aus dem Kühlschrank und schmökerte in den Notizen und Bekanntmachungen, die ungeordnet an der Pinnwand hingen. In einer Ecke stand ein massiver Sessel, in dessen Rückenlehne zwei Bügel eingebaut waren, die zur Rückenmassage dienen sollten. Er war erfreut, daß er noch einen weiteren Grund für seinen Aufenthalt gefunden hatte, und warf ein Geldstück in den Münzschlitz. Mit brummendem Motor wurden, nachdem er die Bügel auf seine Größe eingestellt hatte, seine Schultern so ungelenk massiert, daß sie ihn bald schmerzten. Er wollte den Apparat schon abstellen, als er durch die beschlagenen Scheiben des Baderaums sah, daß der Tätowierte sein Handtuch über die Schulter warf und das Bad verließ; Sekunden später stand er makellos wie eine griechische Statue im Ankleideraum und unterzog sich einer ausführlichen Gymnastik vor dem großen Spiegel. «Welch ein Narziß.» Er spreizte die Beine, bückte sich mehrfach bis hinunter zum Boden, ließ den Körper um die Hüfte kreisen und übte dann Golfschläge. Muskelstränge spannten unter seiner Haut, keuchend ging sein Atem, ein schöner Körper feierte sich in seiner eigenen Sprache. Prüfend fuhr er mit seiner Hand über den Rücken, um nach Restspuren von Nässe zu suchen. Aber die warme Abendluft hatte sie bereits getrocknet.

Der plumpe Massagestuhl hatte seine Tätigkeit mit einem letzten Rucken beendet und lief langsam aus, wie ein aufgezogenes Spielzeug, dessen Feder ausgeleiert ist. Er stand auf, zahlte sein Getränk bei dem Alten an der Kasse, den er erst aufwecken mußte, und ging zügig die Hauptstraße hinunter. Denn er wollte in seinem teuren Maßanzug nicht dem Tätowierten begegnen. An einer Ecke zog er sich eine Cola-Dose aus einem Automaten und ließ seinen Plastiknapf mit dem Handtuch unauffällig hinter einem Stapel leerer Bierkisten verschwinden. Er war schon ein paar Schritte gegangen, als er eine weibliche Stimme hinter sich hörte: «Sie haben etwas verloren, Herr!» Eine Frau mittleren Alters hielt sein Plastikbecken nebst Handtuch in der Hand. «Es muß Ihnen hinter die Kisten gefallen sein.» «Oh, vielen Dank, wie unaufmerksam von mir.» Beschämt ging er die paar Schritte zurück und nahm den Napf, den er zu hassen begann, wieder an sich. Die nächste Straße lag im Halbdunkel, er sah sich um, stellte den Napf rasch auf den Boden, so als habe dieser zu kleben begonnen.Und als er sah, daß niemand in der Nähe war, schob er den Napf zwischen zwei aufgeplatzte Müllsäcke. Erleichtert ging er weiter.

In dieser Gegend verkehrten nicht so viele Taxen wie in der Innenstadt, und so mußte er noch ein paar Straßen durchqueren, bis er eine der befahreneren Hauptstraßen erreichte. Er wartete. Als immer noch kein Taxi kam, ging er wieder ein Stück weiter in Richtung Stadt. Im schmalen Zwischenraum zweier Häuser sah er ein Tischchen mit einer Laterne, deren Licht im Wind zuckte und flackerte. Auf dem dünnen Papier der Laterne stand in ungelenken

Tuschzeichen das Wort für «Handlesen». «Es kann nichts schaden», dachte er sich und ging darauf zu. Setzte sich auf das niedrige Stühlchen, das vor dem Tisch stand, und beobachtete neugierig die Frau, die ihm aus der Hand lesen wollte. Diese war für eine Japanerin ungewöhnlich beleibt, doch in dem schlichten Kimono, den sie trug, wirkte sie nicht ohne Reiz. Sie hatte ein rundes, volles Gesicht und über ihren Wangen blitzten zwei flinke, lebendige Augen, die ihn musterten. Zuerst handelte sie ein mäßiges Honorar aus und bestand auf Vorkasse. Erst dann holte sie eine kleine Taschenlampe hervor und beleuchtete damit seine Hände. «Sie haben eine schwere Kindheit hinter sich gebracht, aber jetzt leben Sie glücklich. Und werden auch weiterhin ein langes und glückliches Leben haben. Ihr Abteilungsleiter macht Ihnen immer neuen Ärger, und Sie müssen aufpassen, daß Sie keine Magengeschwüre bekommen. Doch in der Liebe ist alles in Ordnung. Ihre Frau und Ihre Kinder lieben Sie. Und das Traurige ist nur, daß Sie sich so selten sehen können. Bald werden Sie großen finanziellen Erfolg haben, vielleicht sogar so großen, daß Sie sich endlich ein eigenes Haus kaufen können. Ja, ja, die Götter meinen es gut mit Ihnen. Hier sehen Sie selbst, diese Linie ist scharf und deutlich. Sie besagt, daß Sie einen ganz außerordentlichen Ehrgeiz besitzen und mit aller Kraft das durchsetzen, was Ihnen wichtig ist. Sie werden ganz sicher bald eine bessere Position in Ihrer Firma einnehmen.» «Und der Tod?» unterbrach er ihren Redeschwall. «Ach, sterben werden wir alle einmal. Doch Ihre Lebenslinie ist lang. Mit Ihrer Kraft und Ausdauer können Sie hundert Jahre alt werden. Und gesund sind Sie auch. Und jetzt schlafen Sie wohl. Sie haben keinen Grund für Alpträume in dieser Nacht, nicht den geringsten Grund. Auf Wiedersehen!» «Hirnloses

Zeug», schimpfte er still vor sich hin, nachdem er aufgestanden und ein Stück gegangen war, und sah sich um. Die dicke Wahrsagerin hatte sich eine Zigarette angezündet, hielt sie locker im Mundwinkel, mit dem Glutkegel nach unten, und fuhr mit dem Finger in ihrer eigenen Hand immer wieder den Linien nach. Er zuckte die Schultern und freute sich auf die Nacht, auf die Stunde des Wolfs, die er am Schreibtisch zubringen würde. «Es ist die Zeit des Doyo, wo die Reisbauern das Wasser von den Feldern ablaufen lassen, der Fruchtbarkeit und der Ernte.» Heute würde er mit seiner neuen Erzählung gut vorankommen, da war er sich ganz sicher. Und er vergaß seinen Ärger über die Verrisse seines letzten Buches. «Ich komme auf die Bühne mit der Absicht, das Publikum zum Weinen zu bringen. Doch die Leute platzen statt dessen vor Lachen. Denen werd' ich's zeigen!» Ein Taxi hielt auf sein Winken neben ihm und brachte ihn zügig in die Stadt, wo die Arbeit auf ihn wartete.

Notizen, Paris

Ich stehe an meinem Fenster im Grand Hotel, in der Rue Scribe, unweit der Oper. Die Airconditioning stört mich, mal zu lau, dann wieder zu kalt. Mein kleiner Glastisch ist voller Bücher. Paris ist wie eine uralte Frau, das Gesicht dick voll Schminke. Ein zänkisches altes Weib. Überall Farbe: über den Augen, auf dem Mund, den Wangen, im Haar, die Finger wie geschminkte Krallen. Der ganze Körper hinterläßt eine Duftspur. Faule Zähne und übler Mundgeruch.

... Du wohnst am Boulevard Saint Michel, und wenn du deine Wohnung lüften willst, stellst du deinen Wecker auf drei in der Nacht, so laut, stumpf und stickig ist diese Stadt geworden. Im Leib diesen dunklen Wurm, den sie Metro nennen und der die Stadt an einigen Stellen zittern macht. Fahren wir wieder hinaus zur Maison La Ruche, wo du damals wohntest, bei meinem ersten Besuch in Paris? Die Maison La Ruche ist tot, sagst du. Das Gelände mitten in der Stadt, fast noch im 15. Arrondissement, ist zu teuer geworden für ein solches Haus. Es sind heute nicht mehr die Individualisten, die das Geld machen. Du tuschst deine Wimpern wie eine Hure und an deinem Kinn kratzt es härter, als ich es in Erinnerung habe. Deine Fingernägel sind abgenagt.

... La Ruche. Auf der Weltausstellung 1900 soll der runde Bau als Pavillon für die Weinregionen Frankreichs gedient haben. An der Passage de Danzig wurden dann

Ateliers eingerichtet, acht jeweils auf einem Stockwerk, die sich im Flur die Wasserstelle und das Klo teilen mußten. Der Flur hatte kein Licht.

Du liegst in meinem Bett wie ein verwelktes Kind, das Leintuch von deiner Haut gerutscht. Die atmende Brust mit mehr Haaren als früher und die Fersen verhornt vom vielen Laufen, sagst du, vom Leben auf der Straße, dein Körper wie in einer Auslage in der Rue Saint Anne oder am Boulevard St. Germain, neben dem Drugstore oder bei einer Tasse Schokolade im Flore. Um die Ecke im Hotel Crystal, auf einer durchgelegenen Matratze, der Haut für 200 Francs Begehrlichkeit abschwindelnd. Du freust dich, sagst du, mich wiederzusehen, und ziehst mein Gesicht an deinen stärker gewordenen Leib, um nicht meinem Blick zu begegnen. Wir haben bei Fauchon gefrühstückt.

. . . Steh-Klos sind immer hygienisch. In deinem gibt es sogar fließendes Wasser. Immer wenn du weggehst, um meine Zigaretten zu holen, Brot und Zeitungen und eine Flasche Wein, fülle ich mit einem Eimer das Reservoir, hoch über dem Ausguß. Du sprichst im Schlaf wie ein Fremder, in einer Sprache, die ich nicht verstehe. So wie du auf mich zukamst, in den Büschen unterhalb von Sacré-Cœur vor vielen Monaten. Wir gingen zu dir. Im Hof hatte ein Bildhauer seine Arbeiten aufgestellt. Einer hielt sich einen Hahn. Er war wie ein Wecker. Er krähte, wenn die Sonne über der Stadt aufging. Am Sonntag zogen wir immer in das öffentliche Wannenbad, ein paar Straßen weiter, mit Handtüchern und Seife. Du seiftest meinen Rücken ein. Unsere Wanne war eng. Scheint der Mond heute nicht mehr so hell wie damals mit dir, als du noch nicht so sehr die Gier nach Geld auf den Lippen hattest? Deine Finger noch nicht so dunkel waren vom

Nikotin. Es wachsen dir kleine Borsten in den Ohrmuscheln. Zwischen uns steht das Glas, der Beton und der Stahl, der sich heute über deiner alten Bleibe wölbt. Der Geruch deiner abgelaufenen Turnschuhe trennt uns, dein sabberndes Gesicht in meinem Kopfkissen widert mich an. Ich bin nicht mehr der Hüter über deinen Schlaf.

... Mein Polyglott-Stadtplan bringt mich ohne Schwierigkeiten zur Place des Ternes und unweit davon in die Rue Poncelet. Drei Minuten zu Fuß. Hier ist Wochenmarkt. Obst, Fleisch, Gemüse, Käse, Blumen, Brot und Fisch. Eine Mischung verschiedenster Gerüche und Farben. Flußkrebse japsen mühevoll nach Luft, Aale suchen unter den dichtgedrängten Verkaufstischen das Weite. Die Zurufe wie in einem Wechselgesang. Muscheln, Kuchen, frische Landbutter aus der Normandie.

Bains Poncelet. Ein unscheinbares Blechschild mit abgeplatzter Emaille. Eine Toreinfahrt, ein enger Hof mit Kopfsteinpflaster und eine steinerne Treppe. Ich könnte baden, ein bißchen ausruhen vom vielen Laufen, wieder trocken werden vom Regen.

... Ein schmaler Blechschrank nimmt meine Sachen auf. Gänge, Stufen. Zwei Etagen. «Oben oder unten?» «Beides», ist meine Antwort, als man mich danach fragt. Kostet gleich mehr. Aber ich bin einverstanden. Warum nicht? Niemand kennt mich. Und die Gänge und Räume sind matt erleuchtet. Dampfraum, Heißluftsauna, der gekachelte Liegeraum, Duschen und Tauchbecken im Obergeschoß. Langsam finde ich mich zurecht. Toiletten, Fernsehraum, Kontaktstellen. Unten noch mal dasselbe, nur dunkler, schäbiger, schmutziger. Mein Ekel hängt im Schrank. Das Ungeziefer, die Rutschgefahr in allen Räumen, es riecht nach Chemikalien zum Desinfizieren. Drei Stufen führen nach unten in einen großen Raum mit kühlen Wachstuchliegen. Meine Nachtblindheit behindert mich. Geräusche verraten Bewegung. Marokkaner, Neger, Algerier, ein paar ältere Franzosen, Touristen. Meine Füße treten auf andere Füße. Die Knie stoßen gegen welke Oberschenkel, und mehrere Hände begrapschen mich sofort ohne Anrede. Das Handtuch fällt zu Boden. Unbekannte Lippen wandern die Lende hinab, saugen an den Brustwarzen. Mein Protest bleibt aus. Plötzlich liegen Arme um meinem Hals, flüchtige Liebkosungen, einzwängende Finger. Feuchtigkeit, Muskeln im Zupacken. Urplötzlich losgelöst von jeder Halterung, von dem Wunsch nach Gegenwehr oder Zurückweisung. Ich muß abbrechen, denn es ist Zeit fürs Abendessen. Wir werden im Grand Vefour bei Maître Raymond Olivier speisen. Zur Begrüßung sein Spezialgetränk ½ Teelöffel «Suze», ½ Teelöffel Cassis-Liqueur und das Ganze mit trockenem Taittinger aufgefüllt. Ob ich anschließend noch Lust zum Schreiben haben werde, weiß ich nicht.

. . . Die Dunkelheit teilt sich in viele Hände. Vorgebeugt, emporgeschoben und nach vorn gedrängt auf die angenehm erfrischende, glatte Liegefläche und sofort eingekeilt zwischen schweißfeuchten Leibern, in einer fließenden Linie über und unter mir. Hin und her gewälzt wie ein beliebiger Gegenstand. Ich muß meinen aufsteigenden Brechreiz bekämpfen, fühle Panik für die Bruchteile eines Augenblicks. Doch meine Phantasie will es so. Dann kommt es über mich, nimmt Besitz von mir, überfällt mich wie ein Rudel ausgehungerter Wölfe, mich abzuhäuten, mit ihrer Gier in mein Fleisch zu dringen. Mich aus einem Strudel in einen noch größeren mitzureißen. Meine Phantasie will es so. Dem Schmerz viele Gesichter geben, viele Münder der Lust, Brustmuskulatur, Fingerkuppen, Ferse und Lende, ein Entgegenstemmen dem ungestümen

Druck. Die Gewalt und der Schmerz haben kein Echo. Der abperlende Sud aus den Achselhöhlen, der Schenkelkerbung, von den Schultersehnen über Bauch und Waden hinab. Meine Haare sind klitschnaß, mein Gaumen ist ausgedörrt und in meiner Brust nur noch ein Keuchen. Links und rechts, über dem Kopf und zwischen den Füßen, halb über mich gebeugt, mich fast erdrückend: haarige, kräftige Torsi, jede Bewegung stößt gegen neue Körperfragmente. Die Luft scheint angedickt von menschlicher Ausdünstung, von Schweißfüßen, Knoblauch und dem Geruch angefaulter Zahnstümpfe. In dieser Dunkelheit finde ich meinen Ekel nicht mehr. In meiner Phantasie liege ich neben mir. Ein Lachen überkommt mich, will einfach herausplatzen und sich Erleichterung schaffen. Doch die Müdigkeit, die totale Erschöpfung hat mich in ihren Klauen. Die Schärfe ungeschnittener Fingernägel und das Brennen im Schritt weckt kaum noch Reaktion in mir. Die Kratzmale auf meiner Haut beginnen zu glühen und wässern.

... Eines Morgens bist du da, am Pont Neuf. Du schläfst unter der Brücke, den Rucksack immer bei dir. Durchtrainiert, das lange, blonde Haar von der Sonne der Provence ausgebleicht. Sagst du. Dein letztes Geld in der Socke. Ein Bett hast du schon lange nicht mehr gesehen. Jacques, du kommst aus Marseille und machst Ferien in der Stadt, in der Hoffnung auf einen Job.

... Du schreist, wenn du kommst, mit weit aufgerissenen Augen, schlägst mir deine Finger in den Arm. Bis du wieder sanft zusammensinkst. Du bist per Anhalter in die Stadt gekommen, einen leichten Segeltuchrucksack auf der Schulter. Du kennst die Uferstreifen unter den Brücken, den flüchtigen Kontakt im Trocadero, hinter einem Strauch, und die Trampelpfade unterhalb des

Sacré-Cœur, ohne daß du davon redest. Ich spüre es. Du bittest mich um ein Geschenk zur Erinnerung, mit verlogener Sympathie im Blick. Das Klima in der Stadt, sagst du, bekommt dir nicht. Als ich dich zwei Tage später – du stehst an der Madeleine und rauchst eine deiner selbstgedrehten Zigaretten – wiedersehe, geht dein Blick in die andere Richtung. Als kennten wir uns nur in der Nacht.

Zwischen den anderen

Über die Bücherreihen hinweg blickte er durch das Regal in das Hinterzimmer des Antiquariats. Der kahlköpfige Ladeninhaber saß gebeugt über einer alten Schriftrolle mit einer dicken Lupe in der Hand. Sein junger Assistent schaute über seine Schulter auf die alten Schriftzeichen, die er nicht lesen konnte, und ließ sich diese von dem Älteren erklären. Doch auch der Alte bekam Schwierigkeiten, denn er mußte den Jungen bitten, eine Reihe dickleibiger Nachschlagewerke aus dem Regal zu holen. Mit erhitzten Köpfen blätterten sie in den Büchern, schrieben mit ihren Fingern die Zeichen in der Luft nach, um die Anzahl der Striche zu zählen, aus denen sie zusammengesetzt waren. «Achtzehn!» rief der Junge, doch der alte Mann brummelte: «Nein, nein, es müssen vierundzwanzig sein.» Gereizt schauten sich beide kurz an, vertieften sich wieder in die Zeichenlexika und suchten die Spalten ab. «Ha!» rief der Alte, rückte die Lampe näher heran und blickte gespannt durch die Lupe. «Siehst du, es sind vierundzwanzig Striche!» Doch sein Assistent hatte inzwischen das gesuchte Zeichen selbst gefunden, in seinem Lexikon war aber nur die Lesart mit achtzehn Strichen angegeben. Nun begann der Buchhändler ein langes Gespräch über Sinn und Unsinn der Schriftreformen, über die Verwirrungen, die diese bei den Lesern verursachten.

Er kletterte auf seiner Leiter ein paar Stufen höher und

stieß mit dem Kopf fast an die Decke. Die stickige Luft in den engen Gängen zwischen den überfüllten Bücherregalen sammelte sich in seiner Lunge, er mochte aber nicht husten und vergaß angesichts der vielen alten Bücher die Schmerzen, die langsam in seinem Kopf zu knistern begannen. In den oberen Regalen lagen alte, dünnere Hefte, die keine Beschriftung auf der Rückseite hatten, so daß er alle nacheinander in die Hand nehmen mußte. Die Umschläge aus feinem Japanpapier lagen angenehm in der Hand, auch wenn der Staub die Hände schmutzig machte. Auf dem Umschlag war jeweils mit einer flüssigen Schrift der Titel des Werkes notiert, selten der Name des Autors. Nach einigem Suchen fand er die Texte, nach denen er gesucht hatte: «Leichte Erklärung der schwierigen Koan.» In jedem Werk hatte der Abt eines Zen-Klosters vor einhundertfünfzig Jahren drei schwierige Koan kommentiert. Das Interessante an dieser Reihe war, daß nicht nur die Mönche einer Zen-Sekte vertreten waren, sondern die verschiedensten Interpretationen dieser irrationalen Probleme gegeben wurden. Er blätterte flüchtig die Hefte durch und legte diejenigen, die ihm zusagten, beiseite. Als er sich über den dritten Stapel der Bücher beugte, bemerkte er, daß ganz unten ein dickes Buch lag. Es war in Pergament gebunden, trug aber auf seiner Rückseite keinerlei Beschriftung. Vorsichtig zog er es hervor und schlug es auf. Der Anblick der bedruckten Seiten brachte ihn einen Augenblick lang in Verwirrung. Denn es waren keine japanischen Zeichen, sondern lateinische Buchstaben. Er kannte den Buchhändler schon lange und wußte um dessen traditionelle Einstellung. Dieses Buch war sicher das einzige hier im Laden, das lateinische Buchstaben enthielt. Neugierig schlug er die Titelseite auf und versuchte herauszufinden, was für ein Buch er in Händen hielt. Es war in Englisch geschrieben, und er las «Welthistorie», das exakte Datum der Herausgabe konnte er nicht entziffern, da die Jahreszahl in römischen Ziffern geschrieben war. Doch daß die ersten Ziffern 1700 bedeuteten, konnte er gerade noch herausfinden. Er blätterte die engbedruckten Seiten des Buches durch und fand schließlich ein Kapitel «Japan». Er knurrte, weil er wieder einmal feststellen mußte, daß seine Englischkenntnisse nicht gerade großartig waren, aber auch weil er merkte, daß sein Interesse geweckt war und er sich nun mühsam den Text erarbeiten mußte. Er nahm sich das Buch, kletterte die Leiter hinunter und setzte sich auf einen Hocker. Der Assistent kam aus dem hinteren Ladenraum, schmunzelte, als er sah, welches Buch sich der Kunde herausgesucht hatte, und brachte ihm wortlos ein Wörterbuch Englisch-Japanisch. Nach und nach konnte er den Text, der überdies noch in einer altertümlichen Sprache verfaßt war, entschlüsseln:

«Die Japaner sind insgemein sehr witzig, von schnellem Begriff, von gutem Verstande, bescheiden, geduldig, höflich und übertreffen alle Morgenländer an Gelehrigkeit. In ihrem Handel und Wandel sind sie so gerecht, daß man sich auf ihr Wort völlig verlassen kann, und sie halten es, wider der Gewohnheit der Chinesen, für eine Schande, denjenigen, mit dem sie Verkehr haben, im Geringsten zu übervorteilen. Sie sind alle sehr geschäftig und arbeitsam und verschwenden viel Zeit auf Studieren und Lesen. Sie setzen gewisse Zeiten zu unschuldigem Vergnügen und notwendigen Ergötzlichkeiten aus; begeben sich aber derselben gerne um besserer Geschäfte willen, oder entbehren ihrer auch gerne, wenn ihre Umstände solche nicht gestatten. So sind sie auch nicht gierig nach Reichtum, sondern sind mit einem mäßigen Vermögen zufrieden und halten dieses für das kräftigste Verwahrungsmittel vor Lug und Trug, vor Neid und Verleumdung, vor Unmä-ßigkeit und Schwelgerei. Im Umgang sehen sie sehr auf Wohlstand und vermeiden nicht nur alles flüchtige, eitle und nichtsbedeutende Geschwätz, sondern auch die steifen Formalitäten der Chinesen. Ihre Schreibart ist ernst und lakonisch, dabei vertraulich und verbindlich. In ihrem Essen, Trinken, ihren Geräten, ihrer Kleidung und ihrem Umgang sehen sie überaus stark auf Reinlichkeit und Wohlanständigkeit. Trunkenheit und Schwelgerei wird von Reichen und Armen so sehr verabscheut, als Betrug und Unfläterei.

Das ist das Bild, das uns die meisten Schriftsteller von ihren Tugenden gemacht haben. Deswegen aber müssen wir nicht denken, daß sie von Laster frei wären. Vielmehr beschuldigen eben diese Schriftsteller dieselben sehr häß-licher Laster, deren einige gerade das Gegenteil des vorigen Charakters anzuzeigen scheinen. Sie werden uns daher als stolze, ehrgeizige, grausame und lieblose Leute geschildert, die gegen das Elend ihrer Nebengeschöpfe so unempfindlich sind, daß sie dieselben lieber umkommen lassen, als ihnen Hilfe zu erweisen. Dieses letztere rühret von den falschen und ungerechten Vorstellungen, die ihnen ihre unmenschlichen Bonzen von diesen unglückli-chen Gegenständen machen, als einer ihnen eigenen wilden Gemütsart. So wird auch von ihnen gemeldet, daß sie sehr zornig und rachgierig werden und sich selbst aus tödlichem Verdruß entleiben, wenn sie keine Möglichkeit finden können, eine zugefügte Beleidigung zu rächen. Ihre Weiber tun eben dieses, zumal wenn es auf ihre Keuschheit, eheliche Treue und Ehrbarkeit ankommt, und ziehen einen freiwilligen Tod einem ungerechten Verdachte vor, wenn sie denselben nicht von sich ablehnen

können. Und wir lesen von einigen, die sich lieber dieses gewaltsamen Mittels bedienet, als eine gewalttätige Schändung überlebet. Übrigens gestatten sie nicht nur die Vielweiberei, sondern auch die Hurerei, man findet unter ihren Hurenhäusern nicht nur solche für ihre unverheiratete Jugend, sondern auch welche für Ausländer. Dabei bürdet man ihnen auch ein anderes unnatürliches Laster auf, nämlich die Sodomiterei, die unter ihnen von Priestern und Laien nicht nur ungeahndet, sondern auch ohne ein Brandmal der Schande verübt wird. In ihren Kriegen sind sie kühn und grausam, in dem sie denen, die darum bitten, selten Quartier geben, und wenn eine Stadt erobert worden, so verwüsten sie dieselbe unversöhnlich mit Feuer und Schwert.»

Nachdenklich blickte er auf das schwere Buch. Warum schreiben die Ausländer immer wieder dieselben Bücher über die Japaner? Entweder muß in den Japanern ein ewiges, unveränderliches Moment sein, oder die Ausländer sind nicht in der Lage, die Veränderungen wahrzunehmen. Denn die Berichte der ersten europäischen Ausländer, die nach Japan gekommen waren, sind inhaltlich den modernen Texten so ähnlich, als hätten die Autoren immer wieder nur voneinander abgeschrieben oder nur das gesehen, was ihnen ihre Vorgänger gezeigt haben. Und überhaupt, was machen sie sich so viele Gedanken um die japanische Seele? Vielleicht, weil sie ihre eigene verloren haben? Und was für eine unheilvolle Entwicklung war durch die Vielschreiberei über Japan in Gang gesetzt worden! Hatten die Japaner zunächst die Berichte der Ausländer mit großem Spaß und Vergnügen gelesen, weil in ihnen das ihnen Eigene und Selbstverständliche beschrieben war, über das sie selber nie nachzudenken pflegten, so begannen sie bald, auf die gleiche Art sich mit den

Berichten der Ausländer auseinanderzusetzen. Und so schrieben heute nicht nur die Ausländer viel Unsinn über Japan, sondern die Japaner selbst begaben sich auf diese Ebene des flachen Spekulierens und verloren auf diese Weise den natürlichen Umgang mit ihrer Wesensart. Sie hatten bei dieser oder jener Gelegenheit immer häufiger im Kopf, wie das wohl von den Ausländern verstanden würde. Und aus dem ursprünglichen Spiel mit den Ausländern, in dem man ihnen möglichst viele Widersprüche zeigte und diese schamlos übertrieb, war inzwischen eine verhängnisvolle Verirrung entstanden, die von niemandem mehr aufgehalten werden konnte.

Seine Kopfschmerzen waren stärker geworden, auch seine Augen brannten ein wenig von der großen Anstrengung. Er klappte das Buch zu, erstieg erneut die Leiter, um es wieder an seinen Platz zu legen. Mit den Heften, die er sich beiseite gelegt hatte, ging er zu dem Buchhändler, der für sie einen übertrieben hohen Preis forderte. Er zögerte einen Moment, beschloß dann aber doch, sich auf keine Diskussion einzulassen, und ließ sich die Hefte in Papier einschlagen.

Als er auf die Straße trat, merkte er, daß es inzwischen schon dunkel geworden war und er viel Zeit bei der Lektüre des englischen Wissenschaftlers verloren hatte. Als er nach einem Taxi Ausschau hielt, sah er die Unruhe, die auf der Straße herrschte, gleichzeitig drangen Schreie an sein Ohr. Ein Trupp Polizisten rannte auf ihn zu und drängte die Passanten vom Bürgersteig in die Geschäfte, die Autos in die Seitenstraßen. Hinter den Polizisten wogte eine brodelnde Masse von Demonstranten. Er war in den Eingang eines Kaufhauses gedrängt worden und ging schnell hinauf in die Cafeteria, weil er wußte, daß deren Fenster auf die Straße hinausgingen. Einen Kaffee

schlürfend, beobachtete er vom ersten Stock des Gebäudes aus die Ereignisse auf der Straße. Es schien ein Einverständnis zwischen den Demonstranten und der Polizei zu herrschen, denn die demonstrierende Menge wartete, bis die Polizisten alle Menschen und Autos von der Fahrbahn gedrängt hatten. Er mußte lachen, weil die Polizei in der Tat für die Demonstranten arbeitete und natürlich für die unschuldigen Bürger, die ja rücksichtsvoll auf die Gefahr, einen Farbbeutel an den Kopf zu bekommen, aufmerksam gemacht werden mußten. Die Demonstranten skandierten ihre Parolen, und die Menge wurde immer unruhiger. In dem Augenblick, als die Straße frei war, stürmten die jungen Leute vorwärts. Ungeordnet rannten sie los, vor ihnen die Polizisten, die zur nächsten Kreuzung eilten, um dort den Weg frei zu machen. Die Studenten, die die Fahnen, auf denen ihre Forderungen standen, so heftig hin und her schwengten, daß man sie kaum lesen konnte, hatten sich rote Stoffstreifen um die Stirn gebunden und tanzten schreiend auf der Straße. Schon bald mußte der Demonstrationszug wieder anhalten. Die großen Lkws, die in dem Zug mitfuhren, hatten die Fensterscheiben vergittert und glichen Militärfahrzeugen. Auf den Ladeflächen standen die Studenten der militanten Gruppen in Uniformen, mit Stahlhelmen und Gasmasken, andere hatten sich die Gesichter mit großen, weißen Tüchern bedeckt, um sich vor Tränengas zu schützen. Und oben blickte er auf die brodelnde Masse hinab, und es schien ihm trotz aller demonstrierter Gewalt mehr ein Straßenfest zu sein. Denn jetzt, da es nicht weiterging, tanzten die jungen Leute umeinander herum, flachsten und tauschten Zigaretten aus. Einige junge Männer hatten ihre Oberkörper entblößt, als würden sie gleich den Trageschrein aus dem nächsten Tempel holen und durch die

Straßen tragen. In seinen Ohren hörte er jetzt, durch das Lärmen der Demonstranten, die Schläge der großen Trommeln, die bei solchen Festen den Grundton der Musik ausmachen. Das Gewimmel unter ihm faszinierte ihn in dem gleichen Maße, wie es ihn abschreckte. Denn er wußte, daß er sich nicht nur mit dem Beobachten der allgemeinen Unruhe zufriedengeben durfte. Er suchte in der Menge nach einem Punkt, zu dem er einen Kontakt herstellen konnte, um sich in dem wogenden Meer nicht zu verlieren. Da sah er in die aufgerissenen Augen eines jungen Mannes, der ihn dort oben in aller Distanz sitzen sah. Der Junge ballte die Faust, deutete auf die Schrift, die auf seinem Stirnband stand. Und schrie ihm irgendwelche Parolen zu, die er oben natürlich nicht hören konnte.

Der Demonstrant war naßgeschwitzt, seine Haare klebten feucht auf der Stirn, das weiße Hemd zeigte deutlich die Nässe seiner Haut. Die Umstehenden wurden allmählich aufmerksam, blickten auch nach oben in das Café und hörten sich einen Moment die Rede des Jungen an, dann begannen sie zu lachen, stießen ihren Kameraden zur Seite und beachteten die beiden nicht mehr, die durch die getönte Fensterscheibe für einen Augenblick Kontakt gefunden hatten. Der junge Mann blickte ernst hinauf, zuckte mit dem Mundwinkel und kramte eine Packung der Zigarettenmarke «Peace» hervor. In dem Augenblick, als er sein Streichholz entzündete, setzte sich der Demonstrationszug wieder in Bewegung. In wilder Jagd stürmten die Leute nach vorn. Der Junge blieb einen Moment noch wie eine ruhige Insel im stürmischen Fluß. Er wurde angerempelt, beinahe umgeworfen, hielt aber stand, nahm einen tiefen Zug von seiner Zigarette und blickte noch einmal nach oben. Dann sprang er mit einem Schrei in die menschliche Flut aus Macht und Ohnmacht. In dem Café hatten die Angestellten die Musik lauter gestellt, um den Lärm des Demonstrationszuges zu übertönen. Und während die Schlager ölig durch den Raum wogten, sah er immer noch den geöffneten Mund des Burschen vor sich, seine strahlenden Zähne und die kleine Rauchwolke, die beim Ausstoßen des Zigarettendunstes vor seinem Gesicht stand. Der hocherhobene Kopf straffte die Halsmuskulatur, der Adamsapfel zerteilte den Rauch wie eine Gallionsfigur die Wogen des Meeres. Und mit einemmal war er sehr betrübt, den Schrei nicht gehört zu haben.

Er starrte durch die Fensterscheibe auf die gegenüberliegende Häuserfront. Auf der Straße nahm das Leben wieder seinen gewohnten Gang. Die Büros hatten inzwischen geschlossen, die Menschen hasteten durch die Straßen, machten Einkäufe und liefen in die Bars oder Spielhallen. Er versuchte, die flackernden Neon-Reklamen zu lesen, hatte aber große Schwierigkeiten, ihren Sinn zu verstehen. In der letzten Zeit hatten sich nämlich gerade in der Reklamesprache viele englische Wörter eingebürgert, die aber in der japanischen Umsetzung so verballhornt wurden, daß man schon einige Zeit brauchte, um das ursprüngliche englische Wort herauszufinden. Ihm fiel die Diskussion der beiden im Antiquariat ein, und er fragte sich, welche Meinung der Alte wohl verträte, wenn er gefragt würde, ob man die amerikanischen Wörter in die Umgangssprache aufnehmen sollte. Ärgerlich daran war, daß gute vorhandene Worte des Japanischen durch fremde Ausdrücke ersetzt wurden, die unklarer waren. Und jedesmal durchzuckte es ihn, wenn die jungen Leute von ihren Freunden als «boyfriend» oder «girlfriend» sprachen.

Der Anblick der tobenden Menge hatte ihn angeregt. Gerade in Japan, wo die Menschen so dicht aufeinandersitzen, daß man immer und überall heimlich von fremden Augen verfolgt wird oder sich zwischen Massen hin und her schiebt, muß es ein eindrucksvolles Erlebnis sein, wenn man in dem Durcheinander der anonymen Menge eine Ordnung durch eine andere Gruppierung erfährt. Selber in die Menge eingebunden, hat man seine Situation weniger distanziert vor Augen, als wenn eine solche Demonstration an einem vorüberzieht. Und diese Faszination geht sowohl von den geordneten Reihen der Gewerkschaften aus oder der Bauern, die jährlich in Reih und Glied wegen der Reispreise durch die Hauptstadt ziehen, als auch von den wilden Massen der militanten Linken. Denn in jeder Meute schlummert beides: die bewußtlose Kraft, die sich plötzlich entlädt, und die starke Neigung, sich zu ordnen, sich durch diese Form von der alltäglichen Vermengung abzuheben. Bei Paraden der Militärs hatte er immer mit Außergewöhnlichem gerechnet. Denn da waren junge Männer, durchtrainiert, aufeinander abgestimmt und mit ungestümer Kraft, die ja nur von der militärischen Paradeordnung gezähmt wurde. Mußte da nicht jeden Moment ein Sturm entstehen? Die Kraft mußte doch zu mehr taugen als nur zum Stechschritt. Einer mußte doch endlich seine Jacke vom Leib reißen und aus der starren Ordnung ein Maß an Unordnung hervorrufen, damit etwas Gesundes sichtbar werden kann. Oder die Erde müßte ihre Anziehungskraft verlieren, und nur die wahren Krieger wären in der Lage, sich auf der Erdoberfläche zu halten, würden die Schwerter ihrer Vorfahren in die Hand nehmen und mit ihnen wieder eine Ordnung schaffen, die nicht von irgendeinem Verfassungsrechtler aus anderen Büchern abgeschrieben wurde. Sondern durch die Menschen lebt, die sich nach natürlichen Gesetzen richten, die nicht alle vier Jahre neu disku-

tiert werden müssen, vielmehr in sich ihre Begründung und Notwendigkeit haben.

Erschöpft brach er diesen Gedankengang ab. Er zahlte am Eingang seinen Kaffee und ging gemächlich durch das Kaufhaus zum Ausgang. Hier wurde gerade eine «Französische Woche» veranstaltet. Überall liefen die Angestellten mit einer lächerlich wirkenden Baskenmütze herum und sprachen die Käufer immer wieder mit einem «Allooo, Alloo» an.

Mäßig interessiert drängte er sich durch die Käuferreihen an den französischen Auslagen in den erleuchteten Vitrinen vorbei. Der Andrang in der Käseabteilung war so groß, daß er es verwarf, nach einem Stück Ziegenkäse anzustehen, den er wegen seines leicht säuerlichen Geschmacks in Paris, auf einer seiner vielen Reisen, schätzengelernt hatte. In der Dessertabteilung war er erstaunt; hier lagen die Leckereien aus den vielen französischen Herzklappen zwischen Elsaß und Provence, von denen er nur ein paar kennengelernt hatte. Säuberlich verpackt in kleinen Aluminiumschälchen und gut gekühlt angeboten: Pêche Cardinal, gedünstete Pfirsiche mit Himbeerpurée. Oder dort drüben die legendäre Mousse au Chocolat, die sich auch mit weißer Schokolade delikat anrichten läßt. Ein Franzose hatte damals im Grand Vefour, im Palais Royal, wo schon Racine, Balzac und Baudelaire vorzüglich getafelt hatten, das Rezept seiner Großmutter aus der Normandie verraten. Eine Mischung aus Eigelb, feinem Zucker, Weinbrand, starkem Kaffee, Butter, Eiweiß und geschlagener süßer Sahne. Er bestellte bei der aufdringlich wartenden Bedienung und ließ sich vier Portionen einpacken. Sein Gesicht verzog sich leicht angesäuert, als er den Preis erfuhr. «Diese verfluchte Luxussteuer, um die ausländischen Produkte von unserem Markt fernzuhalten oder ihren Umsatz zu mindern, bei derart überteuerten Preisen. Sind wir nur selbstsüchtig, oder sind es unsere Berührungsängste?» Er sah sich um, denn sein Lieblingsdessert waren Crêpes Suzette, aber er konnte keine entdecken. Endlich fand er in einer der Kühltruhen ein paar einfache Crêpes natur, in Plastik eingeschweißt und mit französisch-japanischer Gebrauchsanweisung. Man mußte sie nur leicht in Butter dünsten, mit Zucker, etwas Grand Marnier und einer Prise, nicht mehr als eine Messerspitze, abgeriebener, ungespritzter Orange. Er war sich unschlüssig, sollte er oder sollte er nicht? Aber da er ohnehin schon ein paar Päckchen in der Hand trug, würde es auf eines mehr oder weniger auch nicht ankommen. Er nahm sich ein paar Packungen aus der Truhe. Crêpes Suzette flambiert. Er mußte unwillkürlich schmunzeln, als er sich daran erinnerte, daß man ihn einen Gourmand gescholten hatte. Beim Abendessen im «Le Coup chou» am Odeon, weil er nach einem einfachen Steak bleu, möglichst blutig, verlangt hatte. Er, ein Barbar, ein Vielfraß? Gourmet oder Gourmand, er brachte die Worte immer durcheinander. Sie machten ihn auf die subtilen Unterscheidungen aufmerksam, derer auch seine Sprache fähig war: Gourmet oder Gourmand, Feinschmecker oder Vielfraß, eine winzige sprachliche Veränderung nur, und doch liegt eine Welt dazwischen.

Als er das Kaufhaus verließ, fühlte er sich schon besser, denn die Franzosen hatten ja wenigstens noch Niveau. Vor einiger Zeit hatte es in dem gleichen Kaufhaus «Sandwich-Tage» gegeben, überall konnte man Hunderte von verschiedenen Sandwiches kaufen, die alle gleich pappig schmeckten. Und natürlich gleich vorne am Eingang die unvermeidlichen Hamburger.

Die Hamburger riefen ein Erlebnis in ihm wach, das ein

paar Wochen zurücklag. Abends, spät, war er mit der Vorortbahn gefahren, es waren nur wenige Fahrgäste im Waggon, die sich auf den an der Längsseite angebrachten langen Sitzbänken verteilt hatten. Wie meist, setzten sich die Menschen hin, legten ihren Kopf zur Seite und schlossen die Augen, um einen kurzen Halbschlaf zu genießen und möglichst wenig von ihren fremden Mitreisenden bemerken zu müssen. Ihm schräg gegenüber saß eine kleine korpulente Amerikanerin mit dunkelrotem Haar, die sich nicht dem Halbschlaf hingab, sondern aus ihrer Tasche ein kleines Päckchen nahm und einen riesigen Hamburger herauspellte. Mit weit geöffnetem Mund versuchte sie abzubeißen, es gelang ihr aber nicht. Die obere Hälfte rutschte ab, das Ketchup und die gelbe Soße kleckerten auf ihre knallgrüne Hose und liefen an ihren Fingern herab. Angewidert hatte er dies gesehen, denn es war schon ekelhaft, sich vorzustellen, daß man überhaupt in dem dreckigen Bahnabteil essen mußte, und dann auch noch eine so unappetitliche Sache! Mit ihrem Zeigefinger nahm die Frau die Soße auf und leckte den Finger genüßlich ab. Als sie den Hamburger aufgegessen hatte, holte sie ein Taschentuch hervor und verrieb die Spuren der Soße auf ihrer Hose. Er hatte sich zusammengerissen und sich nicht auf einen anderen Platz gesetzt. Denn er wollte sich nicht die Blöße geben und der Ausländerin zeigen, wie sehr er seine ästhetischen Vorstellungen angegriffen sah. Er legte seinen Kopf zur Seite und versuchte, selbst ein wenig dahinzudämmern.

Durch einen kleinen Spalt seiner Lider mußte er allerdings die nächste abstoßende Entdeckung machen. Ein paar Schritte neben ihm saß in einer Ecke des Abteils ein älterer Japaner, der wohl auch die ganze Zeit die Amerikanerin angestarrt hatte. Als der Mann sah, daß alle Fahr-

gäste, bis auf die Ausländerin, die Augen geschlossen hatten, grinste er die Frau an, öffnete ungeniert seine Hose, nahm sein bereits erigiertes Geschlecht heraus und begann, heftig zu onanieren. Durch seine fast geschlossenen Augen konnte er nicht sehen, wie die Amerikanerin auf diese Unverschämtheit reagierte. Er wartete auf einen Schrei, aber es geschah nichts. Innerhalb kurzer Zeit hatte der Mann in der Ecke sein Geschäft erledigt. Umständlich verpackte er sein Glied, nahm auch ein Taschentuch und beseitigte die Spuren seiner Entgleisung. Kurz darauf hatten sie die nächste Haltestelle erreicht. Wo er, ohne die beiden weiter anzublicken, fluchtartig das Abteil verließ und mit einem Taxi weiterfuhr.

Was für eine Welt! Er schluckte trocken. Die Erinnerung an diese Begebenheit bereitete ihm Unbehagen, dennoch lenkte er seine Schritte zur nächsten U-Bahn-Station. Denn er wollte den heutigen Abend mit einer Fahrt in der überfüllten U-Bahn beschließen. Das nächtliche Ereignis war nur möglich gewesen, weil die Gruppe der Fahrgäste so klein war, daß die einzelnen Individuen als Personen erkennbar blieben und sich in sich selber vergraben hatten. Wahrscheinlich hatten auch die anderen die Ungeheuerlichkeit bemerkt, sich aber nicht eingeschaltet, genau wie er selber. In der Enge der U-Bahn-Wagen waren solche Extravaganzen nicht möglich. Denn dort will jeder selber nicht belästigt werden und verhält sich möglichst unauffällig, nachdem er einen Haltegriff gefunden hat. Und doch schien es viele Menschen zu geben, die für sich das Aneinandergedrängtsein manchmal erotisch erlebten. Dann drückte mit einemmal der Körper eines Mannes nicht mehr ungelenk gegen die benachbarte Person, sondern schien sich anzupassen und nach Mulden und Vorsprüngen dieses Körpers zu suchen, um sich anzuschmiegen. Dieses Spiel hatte aber die feste Regel, daß keinerlei sexuelle Erregung sichtbar werden durfte, sondern es beschränkte sich auf die reine Begegnung anonymer Körper. In der Enge weiß man oft nicht, wessen Aktentasche gegen das Knie schlägt oder welches Gesicht zu der Bauchfalte gehört, in der gerade die eigene Hand versinkt. Schließt man die Augen und lauscht dem Rattern der stickigen Waggons, so lösen sich die einzelnen Personen völlig auf, und man fühlt nur noch das atmende Fleisch eines Riesenpolyps, die Gestalt vieler miteinander verwachsener menschlicher Körperteile. Und es gibt dann Augenblicke, wo man merkt, daß man selber zu diesem Riesenpolypen gehört oder daß man ihm fremd ist, den Tentakeln nicht zugeordnet. Es gab Zeiten, wo er sich danach sehnte, dieses Gefühl in sich wachzurufen. Er hatte auch keinerlei Schwierigkeiten, jede Form der sexuellen Erregung bei dem Aneinanderreiben zu vermeiden, denn es gab ihm kein erotisches Gefühl. Trotzdem wurde ihm ein wenig wärmer, wenn er plötzlich in seinem Rücken eine Versteifung bemerkte, und war manchmal böse über sich, daß er diese vulgäre Form der Sexualität mochte und genoß. An der nächsten Haltestelle drängten sich viele junge Leute in den U-Bahn-Wagen. Die Demonstration mußte sich doch von einem naiven Fest zu einer Schlacht gewandelt haben, denn die jungen Demonstranten waren verschreckt in die U-Bahn geflohen, um der brutalen Auseinandersetzung mit der Polizei zu entkommen. Jetzt standen sie atemlos im Wagen, erschöpft und sprachlos. Der Schweiß des Jungen, der dicht an ihm lehnte, durchtränkte sein eigenes Hemd, und er fühlte die heiße, heftig atmende Haut des anderen. Hoffnungsvoll stellte er sich auf die Zehenspitzen und zog sich an der Haltestange hoch, um nach seinem Gegenüber aus der

Menge zu suchen. Und tatsächlich, am anderen Ende des Wagens stand der Junge von seinen Kameraden umringt: sein Stirnband war abgerissen, seine Augenbrauen bluteten. Das Blut war noch nicht geronnen, sondern floß ständig nach. In der Enge konnte es der Student nicht abwischen, so daß es langsam über seine Wangenknochen den Hals hinunterfloß, wo es den weißen Hemdkragen färbte. Der Junge hatte die Augen geschlossen und schien von der Hektik so benommen, daß er seine Umwelt kaum wahrnahm. Ein paar Stationen weiter schoben ihn seine Freunde aus dem Wagen und stützten ihn, als sie die Treppe zum Ausgang hochstiegen.

Notizen, Deutschland

Die Autobahn nach Bremen ist leicht vereist. Eine alte Hansestadt, mit vielen alten Bauwerken, die gut erhalten sind. Auf dem Marktplatz steht der große Roland, mit spitzen Knien, die einen Metalldorn haben. Er ähnelt einem Samurai aus dem Norden, den Standbildern in Nara oder Kyoto. Ich mache Fotos von ihm zur Erinnerung, Schwarzweiß und Farbe, für meine Diasammlung. Die Menschen hier verstehen mein Englisch kaum, es ist mir unmöglich, mit ihnen zu reden. Später sitzen wir im alten Ratskeller bei Gulaschsuppe und Wein, in einem riesigen, geschnitzten Faß. Ich habe eine der Weinlisten gekauft. Es sind Weine darunter mit großem Seltenheitswert und zu hohen Preisen. Wir haben auch den alten Bleikeller im Dom besucht, mit seinen mumifizierten Toten. Die Luft hier unten ist schlecht. Es riecht nach Moder. Ich muß an die Luft zurück. Mir ist übel. Dieser Tod ist mir fremd. Bin ich wirklich ein Snob, wie ich immer wieder gern versichere? Weihnachten werden wir am Rande der Lüneburger Heide verbringen, in der Heimat des Hermann Löns. Ich freue mich darauf. Yoko packt schon kleine Geschenke ein. Ich möchte den Zauber des deutschen Wintermärchens erleben. Hoffentlich wird es Schnee geben und den Punsch, von dem sie alle soviel sprechen, eine gefüllte Weihnachtsgans und selbstgebackenen Pfefferkuchen. Der Ort, in den wir fahren werden, soll Uelzen heißen.

. . . Es ist die Lust am Spiel, die micht treibt, sie peitscht mich auf wie eine Droge, wie ein Lebenselexier. Aber noch brauche ich die Kunst der Verstellung, um die Menschen von meiner Fährte fernzuhalten. Ich glaube, ich habe in Paris die Sauna des Marcel Proust gefunden, sie muß es sein, gleich hinter dem Elysee. Wieder und wieder lese ich sein «Auf der Suche nach der verlorenen Zeit». Es ist diese kühle, noble Kultiviertheit in seinen Büchern, die mich anzieht. Denn nicht immer gelingt es mir, mich allein von meiner Phantasie zu ernähren. Was bedeutet mir Radikalität, wenn ich nur wirklich sein kann. Ich hasse diese selbstgerechte deutsche Presse mit ihrer bornierten Überheblichkeit, träge und halb taub: «Ein gehemmter, mild affektierter Elegant, der im Auto Angst vor Glatteis hat, vom westlichen Kulturtrödel fasziniert ist und mühevoll versucht, durch Veränderung seines schwächlichen Erscheinungsbildes einer neuen, markanten ‹japanischen› Pose näherzukommen: dem Samurai des 20. Jahrhunderts, straff und athletisch. ‹Er betreibt Bodybuilding›, plauderte, noch am Flughafen, seine ständig vergnügt kichernde Frau, hinter der höflich vorgehaltenen Hand.» Weiber! Ich werde mit ihr sprechen müssen.

. . . Die Fahrt durch den verharschten Schnee endet an einer nahen, fast tausendjährigen Dorfkirche. Sie nennen es Christmette, gegen Mitternacht. Es schneit. An den Dachrändern hängen spitze Eiszapfen. Die Kirche selbst ist ein kleiner gedrungener Feldsteinbau, voll brennender Kerzen, die der eisigen Dunkelheit etwas Heimeliges geben. Oben auf der geschnitzten und bemalten Empore steht die alte Orgel, von der es heißt, daß sie Motten in ihren Blasebälgen habe. Die Gemeinde, warm eingehüllt, singt aus alten, abgegriffenen schwarzen Büchern. Ihre Lieder klingen mir, obwohl ich sie nicht verstehe, angenehm im Ohr. Den Menschen in den engen Holzbänken sind Yoko und ich ungewohnt, vielleicht sogar unheimlich. Sie beobachten uns unauffällig von der Seite, damit wir es nicht merken sollen. Auf der Rückfahrt erzähle ich von der Frömmigkeit meiner Mutter, von den Riten der Shinto-Priester in meiner Heimat, in der es jetzt auch sehr kalt ist. Der Fahrer riecht nicht gut. Ich mag keinen kalten Zigarrenrauch, der wie ein unsichtbarer Staub in den Kleidern bleibt.

. . . Ich habe Heimweh, in einem korrumpierten Land, voll Wohlstandsstreben und Gewinnsucht. Dennoch liebe ich es. Das Leben eines Samurai gleicht einer Kirschblüte, die, zu voller Pracht erblüht, sogleich zur Erde niedersinkt und verwelkt.

. . . Wir haben gut und reichlich gegessen von dem, was sie hier «traditionelles Weihnachtsessen» nennen. Es riecht überall nach geschmorten Äpfeln und heißem Punsch, einem Getränk aus Rotwein, Rum, Gewürzen und Zucker. Er steigt mir in den Kopf und macht die Zunge schwer. Vor dem Haus steht ein Schneemann mit einer Mohrrübe als Nase. Meine französischen Halbschuhe ziehen Wasser. Ich werde morgen gefütterte Stiefel tragen. Ich wollte, ich könnte mich immer schlichter Dinge erfreuen, wie ein glückliches Kind.

Tanabata

Schwül lastete die Nacht in dem kleinen Arbeitszimmer, so als sei die Luft ohne jede Bewegung. Die räumliche Enge bedrückte ihn, ließ ihm nur den Auslauf in die nächtlichen Straßen, in denen es von Menschen wimmelte. Er erinnerte sich an seine stundenlangen Spaziergänge durch das schlafende Hamburg, entlang der Alster, über die Lombardsbrücke, deren Geländer aus kunstvoll behauenem Stein von dünnen Schneehauben bedeckt waren. Oder am nächtlichen Strand einer der griechischen Inseln zu liegen, den feuchten, kühlen Sand unter seinem erhitzten Körper, während die Wellen Kuhlen unter seinen Beinen freispülten. Oder jetzt in einem der Bistros zu sitzen in St. Germain, im Flore oder unten an den Hallen. Vielleicht unten am Riverside Drive mit dem Blick auf den nächtlichen Hudson, in dem die Lichter des übermächtigen New York spiegelten. Er geriet jedesmal ins Träumen, wenn er an seine vielen Reisen dachte. Eine fremde, aufregende Welt, die ihm geordnet und sicher gefügt schien, voller Wissen und bedrohlicher Kultur, die ihm sein Heimatland noch enger erscheinen ließ. Er wischte die aufrührerischen Gedanken wie einen beunruhigenden Schatten von der Stirn und beugte sich wieder über seine Arbeiten. Sein Schreibpapier wellte sich vom Schweiß, den es aus seiner schwitzenden Hand sog. Doch er ignorierte es, hastig versuchte sein Füllfederhalter, den Gedankenfluß nicht abbrechen zu lassen, den Schriftzeichen ihre Leichtigkeit abzutrotzen, derart füllte er Seite um Seite. Zwischendurch unterbrach er sich und griff nach einem der herumliegenden Bücher, nach einer Zeitschrift oder einem Notizblock, um seine Gedanken oder einen Satz zu überprüfen. Ständig unter Zeitdruck durch Drucktermine, drängende Verleger oder wißbegierige Kritiker. Immer wenn er sich auf seine Arbeit konzentrierte, fiel alles Äußere von ihm ab. Erst diese Form der Disziplin und künstlerischen Distanz ermöglichte es ihm, das Arbeitspensum zu bewältigen, das er sich vorgenommen hatte. «Für Menschen, die in einer modernen Gesellschaft leben, ist Liebe unmöglich. Wenn zum Beispiel A glaubt, er liebe B, so gibt es keine Möglichkeit für ihn, sich der Sache sicher zu sein, und das Gleiche gilt umgekehrt. Daher kann Liebe in der modernen Gesellschaft nicht existieren. Weil sie nämlich nur auf Gegenseitigkeit beruht. Gibt es nicht die Vorstellung eines Dritten, das die beiden Liebenden gemeinsam haben – quasi als Scheitelpunkt eines Dreiecks –, endet diese Liebe mit immerwährender Skepsis. Menschliches Leben ist begrenzt, ich aber will ewig leben.»

Der vorletzte Absatz war fertig. Nur die Form des Schlusses schien ihm noch nicht klar genug. Er blickte noch einmal auf die vollgeschriebenen Seiten und seufzte. Er wußte, daß sein Verleger als erstes wieder mit ihm über die Auswahl seiner Schriftzeichen diskutieren würde, da sich gerade Zeitschriften, um der Leser willen, um möglichst einfache Schriftzeichen bemühten. Er dagegen ließ sich niemals von seinem Standpunkt abbringen, daß es eines differenzierten Wortschatzes bedürfe und exakter Schriftzeichen, um gute Literatur schreiben zu können. Keiner verwaschenen, einfältigen Begriffe, den Sprechblasen der Comics ähnlich, die zur Verrohung und Demontage der Sprache führten. Er trat ans Fenster und

öffnete es. Die Luft draußen war inzwischen ein wenig abgekühlt. Aber die sommerliche Feuchtigkeit lag immer noch unangenehm drückend über der Stadt. Er bedauerte, daß der Himmel über Tokio nie richtig dunkel wurde, da ihn die Lichter der Stadt künstlich erhellt hielten. Er hatte es nie anders erlebt. Als er aufschaute, fiel ihm ein, daß sie heute überall das Tanabata-Fest feierten. Die Sage erzählt, daß die Sterngottheiten Hirte (Inkai) und Weberin (Tanabata) nach vielen Schwierigkeiten schließlich doch noch ein glückliches Paar wurden. Doch die Weberin wurde immer träger und nachlässiger und ließ ihre Arbeit bald ganz im Stich. Das erzürnte ihren göttlichen Vater so, daß er das Paar wieder trennte und zwischen ihnen einen breiten reißenden Strom entstehen ließ, die Milchstraße. Die Liebenden flehten um Gnade, doch sie konnten den unerbittlichen Vater nur dazu bewegen, daß er ihnen ein einziges Mal im Jahr erlaubte, für eine Nacht zusammenzusein. Er mußte unwillkürlich bei diesem Gedanken schmunzeln. Früher hatte er am 7. Juli zusammen mit seiner Mutter den nächtlichen Himmel betrachtet. Die Milchstraße und die beiden Sterne von Inkai und Tanabata. Und er hatte Gedichte auf schmale Papierstreifen geschrieben und in die Weidenbäume unten am Wasser gehängt. Doch inzwischen war die immer riesiger werdende Stadt mit ihren Fabrikanlagen von einem ständigen Nebel eingehüllt, so daß man nur noch selten mit bloßem Auge die Milchstraße erkennen konnte. In dieser Nacht hingen wässrige Wolken über der Stadt. Das bedeutete nach einer alten Bauernregel ein fruchtbares Jahr. Ein Trost für die Menschen, dafür, daß sie am Tage des Sternenfestes die Sonnen der gefeierten Gottheiten nicht sehen konnten.

Während er darüber nachdachte, fiel ihm ein, daß er

sich gar keine Zeit mehr nahm, sich seine Sterne anzusehen. Er war so in seine Arbeiten verstrickt, gesellschaftliche Formen durchzuspielen, Menschen zu animieren oder irritierende Wortspiele und komplizierte Gedanken zu formulieren, daß er den Kontakt zu seiner Umgebung, zur Natur, zu den Farben und Gerüchen, die ihn umgaben, immer mehr verlor. «Verliere ich den Boden unter meinen Füßen? Steige ich auf oder stürze ich herunter, wie ein Kinderdrachen, dessen Schnur sich in einem Hochspannungsmast verfängt und zerreißt? Gehört das zum Leben eines Intellektuellen, der ich unzweifelhaft bin?» Irgend etwas in ihm sträubte sich dagegen, einfach alles so hinzunehmen, die natürliche Verarmung im Umgang mit den Lebenskräften zu akzeptieren. Sein Ehrgeiz drängte ihn nach immer neuen Geschichten, nach Berichten und Romanen. Und dann die Kraft und Zeit, die allein seine Recherchen forderten. «Die Leute stellen sich das immer so einfach vor. Da sitzt ein Schriftsteller und schreibt einfach vor sich hin, und damit hat es sich. Wie ein atmender Schreibapparat mit Kost und Logis, aus dem bei jeder Bewegung neues Dichtwerk hervorsprudelt. Ist es so? Keine Schreibsperren, keine Erschöpfungen, Ängste, keine alltäglichen Kräftefelder, die dich mit ihren Zwängen behindern? Kein Herumirren und sich vollsaugen wie ein ausgetrockneter Schwamm, mit neuen Eindrücken, Erfahrungen, Menschen, Gesichtern, Lebensformen. Ein Dichter ist nicht einzuschließen. Wie kann er schreiben, ohne gelebt zu haben, ohne Wissen gespeichert zu haben, ohne in der Lage zu sein, Gedankengänge anderer nachvollziehen zu können? Ohne ein Seismograph, ohne ein Sprachrohr, ohne die Unruhe im Land zu sein? Träumt in seinen Dichtern das Volk nicht mehr, hat es damit seine Sprache verloren, seine Zukunft, seine Hoffnung und seine Fähigkeit, sich zu vermitteln, verliert es den Kontakt zu seinen Wurzeln und stirbt, ausgekühlt, verkarstet, ohne Spuren zu hinterlassen.»

Er ist sich klar darüber, daß er nicht nur für die Literaturgeschichte schreiben will. Für die Menschen will er schreiben, hier und heute. Nicht als einer der Vielschreiber, denen ihre Schreibe ohne Wirkung genug ist, ein Wegwerfartikel auf einem beliebigen Grabbeltisch während der Schlußverkäufe. Gibt es keine Achtung mehr vor dem Wort? Keinen Respekt mehr vor dem Schreib- und Gedankengut anderer? «Hat Sprache nur noch die Kraft für eine Pose?» Diese Gedanken beunruhigten ihn, denn er wußte, zu welchen Folgerungen sie führen würden. Ihm war schon lange klar, daß sich sein Leben nicht nur in seinem Schreiben entscheiden würde, sondern in seinem Handeln. Dabei wußte er, daß dieses Handeln sorgsam durchdacht und vorbereitet werden müßte. Und zwar so, daß sich nicht nur sein bedeutungsloses, individuelles Leben in ihm vollendete. Sondern es hatte ein Zeichen zu sein, ein Fanal, das seine Literatur von der Tat her überstrahlte. Erst vor ein paar Tagen hatte er sich genau die Lotospflanzen in einem kleinen Tümpel angesehen und bewundert. Denn es schien ihm schon verwunderlich, daß aus dem schmutzigen Gewässer zunächst kräftige, grüne, riesige Blätter emporwachsen. Dann, wenn die Pflanze schon fast ihre ganze Kraft in den Blatt-Trichter verschwendet hat, holt sie noch einmal tief Atem, um dann noch mal an einem schlanken Stengel strahlend weiße und reine Blüten zu entfalten. Auf diese Weise wollte auch er sein Wachstum beenden. Mit einer einzigen, klaren Blüte, die erst diesen üppig wuchernden Blättern ihren Sinn geben sollte. Oder wie die Blüte der Magnolie, die in dunkler Nacht aus sich heraus heller strahlt und noch im

大石主税像

Verwelken einen betörenden Duft verströmt. Ja, es wurde Zeit. In dieser Nacht wurde ihm die Notwendigkeit seines Handelns deutlich, der Gedanke ließ ihn schaudern. Es war ihm klar, daß er nun sehr geduldig mit sich und seiner Umwelt sein mußte, daß er sich geschickt zu verhalten hatte, damit keinerlei Störungen eintraten. Und er müßte Ausschau halten nach seinem Nachbarstern. Denn gerade, weil es um eine zeichenhafte Tat gehen würde, durfte er dieses Unternehmen nicht im Alleingang durchführen. Würde seine Kraft ausreichen, die Schwierigkeiten und Belastungen auf sich zu nehmen? «Oh, ihr Götter, diese Kraft muß jetzt dasein, es wird Zeit.» Er setzte sich wieder an seinen Schreibtisch und kramte nach einem Schreib-block. Dabei erinnerte er sich, daß vor allem die Kinder sich in solchen Situationen ein kleines Stehaufmännchen kauften, das den Zen-Patriarchen Daruma darstellen sollte. Dieser Mönch hatte um seiner Erleuchtung willen jahrelang unbeweglich vor einer kahlen Wand meditiert. Und nachdem er den höchsten Grad der Weisheit erreicht hatte, verzichtete er darauf, Buddha gleich zu werden, damit er als Helfer den Menschen erreichbar bliebe. Um seinen Satz: «Wenn du siebenmal hinfällst, mußt du sie-benmal wieder aufstehen» deutlich zu machen, wurde aus ihm ein Stehaufmännchen aus Pappmaché. Seine strenge Lehrerart wird durch den grimmigen Gesichtsausdruck sichtbar gemacht. Und immer wenn man etwas Wichtiges vorhat, sollte man sich ein kleines Daruma-Männchen kaufen, bei dem die Augen noch nicht eingezeichnet sind. Denn nun spricht man deutlich seine Hoffnungen und Absichten aus und malt ihm das eine Auge aus. Dann muß man das halbfertige Gesicht so lange anschauen, bis man nach Erreichen seines Ziels das andere Auge ausmalen darf.

Nun, er war alt genug, um sich nicht mehr ein solches Spielzeug kaufen zu müssen, doch so ganz wollte er von Daruma auch nicht lassen. Und so nahm er einen Bleistift und begann die Figur des Zen-Mönches zu zeichnen. Doch immer wieder fand er den Gesichtsausdruck des Strengen viel zu milde. So verzeichnete er viele Blätter, die er wütend zerknüllte und auf den Boden warf. Endlich hatte er es geschafft: Der Weise hatte genau das Maß zwischen unerbittlicher Strenge und unterstützender Für-sorge, so daß er innehielt. Er sprach leise seinen Plan vor sich hin, machte sich mit Sorgfalt daran, das eine Auge auszumalen, und lehnte sich nach getaner Arbeit zufrieden zurück.

«Magnolien blühn.
Doch um sie wie schwarzer Lack,
der Himmel der Nacht.»

Nach einer guten Weile befestigte er seine Zeichnung deutlich sichtbar an einem der Bücherregale. Dabei zuckte er mit seinem linken Mundwinkel. Denn ihm war eingefallen, daß er selber das zweite Auge nie würde ausmalen können.

Verspätete Post

Werter Herr Mishima,

unser kurzes Gespräch im Presseclub wurde so abrupt unterbrochen, daß einige wichtige Punkte nicht mehr gesagt werden konnten. Da mir Ihr ernstes, nachdenkliches Gesicht nachdrücklich in Erinnerung blieb, möchte ich nun, in meine Heimat zurückgekehrt, noch einmal auf dieses Gespräch zurückkommen.

Wir waren uns einig, daß sich die Japaner aus der Gruppe heraus verstehen, und daß es für sie notwendig ist, ihre Gruppe als einzigartig darzustellen. Denn wenn jeder Außenstehende in der Lage wäre, die Gruppe zu verstehen, verlören deren Mitglieder bald ihr Selbstvertrauen. Geschickt verstanden es die Japaner, einige Ausländer als Ausnahme hinzustellen, die es nach langer und großer Anstrengung geschafft haben, Ihr Land und seine Menschen zu verstehen (Reischauer, Fenellosa u. a.). Ihr Interesse wurde geweckt, als ich behauptete, daß jeder Ausländer, der sich um Verständnis bemüht, in der Lage ist, Japan genauso gut kennenzulernen wie jedes andere Land.

Daß Sie mich plötzlich mitten im Satz stehenließen, nehme ich Ihnen nicht übel, das geschieht überall bei solchen Empfängen. Dennoch möchte ich Ihnen ein Wort zu der vielgepriesenen Höflichkeit der Japaner sagen: Sicherlich ist in Ihrem Land die Umgangsform feinsinniger ritualisiert als in vielen anderen Ländern, heute jedoch ist diese Form in der Regel nur noch starres Korsett, nicht mehr lebendig, sondern ein dumpfer Automatismus, der sich noch nicht einmal darum bemüht, die brutale Arroganz, die blinde Gleichgültigkeit und überzogene Eitelkeit zu verbergen. Ich habe Freunde gefunden in Japan – wie überall in der Welt –, nirgendwo aber fand ich hinter der höflichen Maske eine solche Gefühlskälte wie in Japan, jedes Lächeln eine Fallgrube, in der die Bambusstöcke so spitz sind wie Degen, jedes gezielte Nichtbeachten ein atemberaubender Schlag unter die Gürtellinie.

Doch ich wollte Ihnen einige Situationen schildern, wahllos herausgegriffene Beispiele, die für sich selber sprechen. Ich saß zusammen mit einigen Studenten, die zum Teil selber Auslandserfahrungen hatten. Ich erzählte auf Nachfrage, daß ich Kunstgeschichte studiert und mich besonders mit den japanischen Bilderrollen beschäftigt habe. Wir sprachen einige Zeit über das Besondere dieser künstlerischen Form, dann fragte man mich, welche Bilderrolle mir denn nun am besten gefalle. Ich nannte sie, woraufhin alle Anwesenden den Kopf schüttelten und sagten, eine solche Rolle gibt es nicht in Japan. Ich gab zu, daß diese nicht so bekannt sei wie das Genji-monogatari-emaki, beharrte aber auf meiner Behauptung und schrieb mit Zeichen den Titel auf. Aber es fielen jetzt nur Bemerkungen darüber, daß es eben unmöglich sei, in Deutschland mehr über Bilderrollen zu erfahren, als ein normaler Japaner es könne. Weil nun die Gruppe geschlossen darauf bestand, daß ich im Irrtum sei, war ich so erbost, daß ich aufstand und im Bücherregal nach einem Lexikon suchte und in diesem zu meiner Erleichterung schließlich auch die Angabe fand: «X-emakimono, Kama Kura-Zeit.» Jetzt erst wurde mir unwillig geglaubt, keiner fand es angemessen, sich für die überheblichen Bemerkungen zu entschuldigen.

Ein ähnliches Beispiel:

Wie Sie wissen, gab ich in Osaka längere Zeit Deutsch-unterricht. Nach der letzten Stunde wollten einige meiner Schüler, alles gestandene Geschäftsleute, noch mit mir essen gehen. Ich schlug ein kleines Restaurant vor, das ich schon mehrmals besucht hatte. Einer der Japaner sagte: «Oh, ja, ich kenne es auch, es ist angenehm dort, dort wollen wir hingehen.» Wir machten uns auf den Weg. Doch schon nach ein paar Straßen ging der japanische Führer in die falsche Richtung. Ich wies vorsichtig darauf hin, daß wir den verkehrten Weg einschlugen, doch unser Führer sagte: «Ich bin aus Osaka gebürtig!» und alle Japaner zweifelten nicht, daß der aus Osaka gebürtige Japaner den Weg besser zu jenem Lokal fände als ein Ausländer. Immerhin war ich der Lehrer, darum erklärte ich noch einmal den kürzesten Weg. Doch man hörte mir nicht zu und stürmte weiter. So irrten wir eine halbe Stunde durch die Gassen, bis der Führer mit einemmal erklärte: «Wir nehmen jetzt ein Taxi!» Mit dem Taxi fuhren wir schließlich genau jenen Weg, den ich vorher be-schrieben hatte. Alle erkannten den Irrtum des Japaners aus Osaka, doch sich bei einem Ausländer zu entschuldi-gen, sieht das japanische Höflichkeitsritual nicht vor.

Ich erinnere mich gerade an zwei Lokale in Kioto, die ich häufiger besuchte. Dort wurde immer mit mir Eng-lisch gesprochen, obwohl allen bekannt war, daß ich Ja-panisch sprechen kann und will. Man sprach dort nicht Englisch mit mir, weil man das eigene Englisch erproben und verbessern wollte, sondern aus dem typisch japani-schen Denken heraus, daß ein Ausländer einfach nicht Japanisch sprechen kann. Das Erstaunliche an der Ge-schichte war: nachdem ich mehrmals darum gebeten hatte, mit mir Japanisch zu sprechen (schließlich ist Englisch für mich genauso eine Fremdsprache wie Japanisch!), ergab es sich, daß ich mich auf Japanisch unterhielt, während meine japanischen Gesprächspartner Englisch sprachen. Außer mir fand niemand diese Situation grotesk.

Ich habe versucht, mich der japanischen Eigenart anzupassen, als ich in Ihrem Land lebte, ich halte dies für selbstverständlich. Nun ist es allerdings merkwürdig, daß die Japaner erwarten, daß die Ausländer in Japan Ihre Landessitten annehmen, wenn sie aber selber im Ausland sind, die Dinge auf den Kopf stellen und sagen: «Wir sind jetzt zwar im Ausland, aber da wir Japaner sind, gelten für die Ausländer, die mit uns zusammenarbeiten, unsere Regeln.»

Hier in Deutschland arbeitete ich einige Zeit für eine große japanische Fernsehgesellschaft. Eines Tages drehten wir in einer süddeutschen Stadt und wollten Interviews auf der Straße machen. Es war klar, daß es interessanter wäre, die Aufnahmen mit dem malerischen Dom der Stadt im Hintergrund zu machen, da aber gerade der Wochenmarkt auf dem Domplatz zu Ende war, schlug ich vor, erst in einer Nebenstraße zu filmen, da die Aufräumungsarbeiten sehr laut seien. Der Regisseur reagierte gereizt: «Ich bin hier der Chef, wir filmen jetzt, und zwar hier!» Wir begannen mit der Dreharbeit, als plötzlich – wie ich es vorhergesagt hatte – drei große Straßenkehrmaschinen mit einem riesigen Lärm begannen, den Domplatz zu säubern. Die Aufnahmen mußten gestoppt werden. Ich wollte keinen Streit, darum entschuldigte ich mich bei dem Team, daß die Aufnahmen unterbrochen werden mußten. Obwohl ich – nicht nur in dieser Situation – deutlich zeigte, daß ich bereit und in der Lage bin, mich in eine japanische Form des Umgangs einzugliedern, wurde ich über Wochen als dummer Ausländer angese-

hen, ohne daß man mir gegenüber japanische Höflich-
keitsregeln gelten lassen wollte. Meine bescheidene europäische Höflichkeit verbietet es mir, all die Unverschämt-
heiten aufzuzählen, die ich rund um die Uhr erleben
mußte. Ja, die japanische Höflichkeit gilt nur unter Lands-
leuten, ausländische Barbaren verdienen keine Rücksicht.
Und dann überraschte es mich natürlich auch nicht, daß
nach Abschluß der Dreharbeiten das japanische Konsulat
das Fernsehteam zum Essen lud, mit der ausdrücklichen
Direktive: «Aber nur Japaner mitbringen!»

Bei allem Wohlwollen und Verständnis, das ich für Ihr
Volk aufbringe, fällt es mir schwer, all diese Dinge zu
akzeptieren. Wären die Japaner nicht auf den ausländischen Konsumenten angewiesen, würden sie das Ausland
wie im Mittelalter möglichst ignorieren und im eigenen
Saft schmoren. Die Weltwirtschaft zwingt sie ins Ausland,
und ich denke, daß in Kürze die vornehme Arroganz der
Japaner im Ausland zu einer Isolation Ihres Volkes führt,
die ihm nicht guttun wird.

Doch genug, ich will Sie nicht zu sehr mit diesen
Gedanken belästigen. Ich warte mit Spannung auf Ihr
nächstes Buch, ich werde Ihnen dann, wie zugesagt, meine
Meinung umgehend mitteilen. Bitte grüßen Sie auch Ihre
Frau Gemahlin von mir.

Mit freundlichen Grüßen

Bildteil Yukio Mishima

Yukio Mishima mit Zigarette

Mishima in seinem Haus, im Hintergrund ein Porträt von ihm

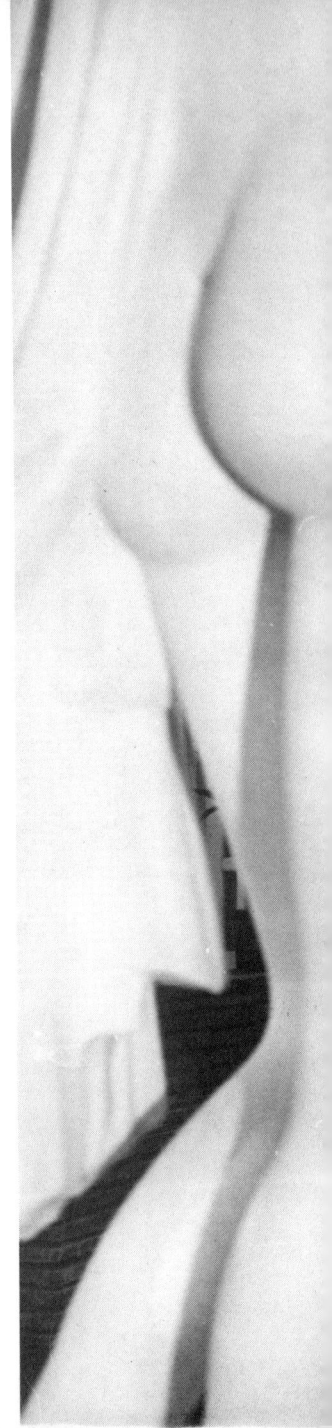

Mishima auf der Terrasse
seines Hauses

Abreise in die Flitterwochen

Mishima bei einer Kendo-Übung

Mishima beim Karatetraining

Mishima während seiner Ansprache an die Streitkräfte
kurz vor seinem Harakiri

Nach seiner Ansprache verläßt Mishima den Balkon mit ge-
zogenem Schwert, kurze Zeit darauf stirbt er von eigener Hand

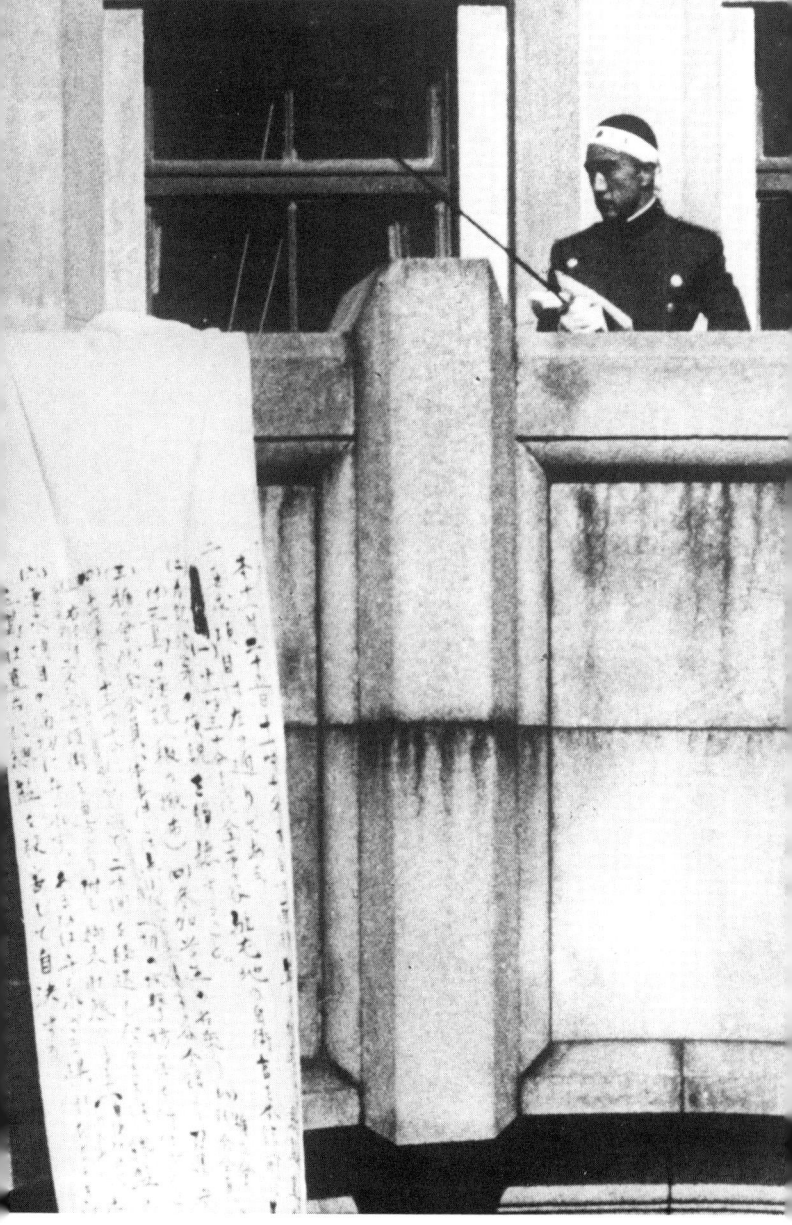

Mishimas Leiche wird herausgetragen

Kurzbiographie

1925	Geboren am 14. Januar, bürgerlicher Name: Kimitake Hiraoka.
1941	Veröffentlichung seiner ersten Erzählung «Der blühende Wald». Mishima liest Radiguet, Wilde, Tanizaki und Rilke und gewinnt Förderer aus dem literarischen Kreis der «Romantischen Schule».
1944	Schließt als bester Schüler die Prüfungen der Adelsschule «Gakushuin» in Tokio ab und wird seiner hervorragenden Leistungen wegen vom Kaiser persönlich mit einer Armbanduhr ausgezeichnet. Anschließend wird er aus gesundheitlichen Gründen vom Kriegsdienst zurückgestellt.
1947	Schließt sein Studium des deutschen Rechtswesens an der Universität Tokio ab und wird anschließend im Finanzministerium angestellt. Nach acht Monaten gibt er diese Stellung auf, um als freier Schriftsteller zu leben. Es beginnt die lebenslange Freundschaft mit dem späteren Nobelpreisträger Yasunari Kawabata (Freitod 1972). Er trifft sich auch mit dem bekannten Schriftsteller Osamu Dazai (Freitod 1948 zusammen mit seiner Freundin).
1949	«Geständnis einer Maske»
1951/52	Erste Weltreise (als offizieller Gesandter des Finanzministeriums ohne bestimmte Aufgaben) nach New York, Brasilien (Rio de Janeiro), Paris, Griechenland.
1953	«Tod im Hochsommer»
1954	«Die Brandung», Beginn des Bodybuilding.
1956	«Der Tempelbrand»
1957	Verbringt auf Einladung seines Verlegers sechs Monate in den USA.
1958	Heiratet Yoko, die Tochter des Malers Yasushi Sugiyama. Aus der Ehe gehen zwei Kinder hervor.
1959	«Kyokos Haus»

1960	«Nach dem Bankett», zweite Weltreise nach Amerika und Europa (auch in die Bundesrepublik Deutschland: Hamburg, Berlin) zusammen mit seiner Frau. Nach politisch motivierten Morddrohungen beschäftigt Mishima zwei Monate lang einen Leibwächter.
1963	«Der Seemann, der die See verriet»
1964	Herausgeber der Gesammelten Werke von Shintaro Ishihara, der später Karriere als konservativer Politiker machte. Berichterstattung über die Olympischen Spiele in Tokio.
1965	Längerer Aufenthalt in England auf Einladung des «British Council», trifft sich mit Ivan Morris, Angus Wilson, Peter Owen u. a. Produziert den Film «Patriotismus», der auf seiner gleichnamigen Kurzgeschichte basiert, ist gleichzeitig auch Regisseur und Hauptdarsteller. «Madame de Sade», Theaterstück Reise nach Kambodscha, New York, Paris, Stockholm.
1966	Erste Kontakte zu den japanischen «Selbstverteidigungs-Streitmächten» mit der Bitte, an den Manövern teilnehmen zu dürfen. «Frühlingsschnee»
1967	Reise nach Indien.
1968	Als bekannt wird, daß ein japanischer Schriftsteller den Literatur-Nobelpreis erhalten wird, hält er sich für den Preisträger. Den Preis bekommt aber Y. Kawabata zugesprochen. Gründung der «Tate no kai» (Schildgesellschaft), einer paramilitärischen Vereinigung, die zumeist aus jungen Studenten besteht, die eine eigene Uniform tragen. Die Ziele der «Tate no kai» werden in drei Punkten zusammengefaßt:

«1. Kommunismus ist unvereinbar mit der japanischen Tradition, Kultur und Geschichte und läuft dem Kaiser-System zuwider.

2. Der Kaiser ist das einzige Symbol unserer Geschichte, der kulturellen Gemeinsamkeit und der rassischen Identität.

3. Die Anwendung von Gewalt ist gerechtfertigt angesichts der kommunistischen Bedrohung.»

Später gemeinsame Übungen mit den japanischen Streitkräften.

«Galoppierende Pferde» und «Mein Freund Hitler», Theaterstück.

1969 «Der Tempel der Morgenröte»

1970 «Fünf Zeichen für der Götter Untergang»

Am 25. 11. stürmt er mit vier Mitgliedern seiner «Tate no kai» die Kommandantur des Befehlskreises Ostjapan in Tokio, ruft die versammelte Armee zum Putsch für das «wahre Japan» und zur Wiedereinsetzung traditioneller Ideale auf und begeht anschließend mit zwei Kameraden Harakiri.

Yukio Mishima erhielt zahlreiche japanische Literaturpreise. Sein Gesamtwerk umfaßt in der japanischen Ausgabe 36 Bände und erschien 1973 bis 1976.

Ausgewählte Bibliographie

A. Werke von Yukio Mishima

«Kamen no kokuhaku», 1949
Englische Übersetzung: «Confessions of a mask», 1958
Deutsche Übersetzung: «Geständnis einer Maske», Rowohlt 1964

«. . . Einen Moment sahen wir uns in die Augen. Es war tatsächlich nur eine Sekunde. Die Grimasse auf seinem Gesicht war verschwunden und statt dessen hatte er mit einemmal einen merkwürdig offenen Blick, der weder Feindschaft noch Haß ausdrückte. Oder vielleicht war es nur meine Einbildung. Vielleicht war es auch nur der jähe, leere Blick in dem Moment, in dem er, von meinen Fingern gezogen, fühlte, er könne die Balance verlieren. Wie auch immer, ich wußte instinktiv und genau, daß er gespürt hatte, in welcher Weise ich ihn in dieser Sekunde angesehen hatte. Er mußte die Spannung empfunden haben, die bei der Berührung unserer Hände zu einem Schlag führte. Er hatte mein Geheimnis erraten: daß ich in ihn verliebt war, in niemanden auf der Welt als in ihn. Fast im gleichen Augenblick fielen wir beide vom Balken hinunter.»

«Ai no kawaki», 1950
Englische Übersetzung: «Thirst for love», 1969

«. . . Die Menge drängte sie wieder nach vorne, und ihre Fingernägel gruben sich in Saburos Rücken. Er merkte es nicht einmal. In dem verrückten Gedränge und Geschiebe nahm er nicht wahr, welche Frau sich gegen ihn preßte. Etsuko fühlte, wie sein Blut ihre Finger hinunterrann.»

178

«Kinjiki» Band 1 1951, Band 2 **«Higyo»** (Heimliche Freuden) 1953
Englische Übersetzung: «Forbidden Colors», 1968

«. . . seine Einsamkeit übertreibend, flüchtete er sich in Gefühlslosig-
keit und ging hinaus, um die Nacht mit einem Jungen zu verbringen,
der keinerlei Reize besaß. Betrunken spielte er lärmend den Clown
und schüttete seinen Whisky dem Jungen über den Rücken. Dieser
versuchte daraus einen Witz zu machen, lachte gezwungen Verständnis und blickte unterwürfig zu seinem Peiniger hinauf, was Yuichi
deprimierte. Die eine Socke des Jungen hatte ein ziemlich großes
Loch. Das Loch verstärkte Yuichis niedergedrückte Stimmung.
    Volltrunken schlief er bei dem Jungen, ohne ihn zu berühren.
Mitten in der Nacht schreckte er aus dem Schlaf, von dem Laut
seiner eigenen Stimme geweckt. Im Traum hatte er Shunsuke getö-
tet. In der Dunkelheit starrte Yuichi voller Schrecken auf seine
schimmernde Hand, die von kaltem Schweiß überzogen war.»

«Manatsu no shi», 1953
Englische Übersetzung: «Death in midsummer», 1956
Deutsche Übersetzung: «Tod im Hochsommer», Rowohlt 1970

«Shiosai», 1954
Englische Übersetzung: «Sound of Waves», 1956
Deutsche Übersetzung: «Die Brandung», Rowohlt 1959

«. . . Zwischen zwei kleinen Hügeln, die rosafarbene Knospen trugen, lag ein Tal, das zwar tief von der Sonne gebräunt war, aber
doch nicht seine Zartheit und Glätte und die geäderte Kühle der
Haut eingebüßt hatte, ein Tal, das einen an den Vor-Frühling
denken ließ. Im Verhältnis zu Hatsues Körper waren ihre Brüste
nicht unterentwickelt, doch ihre Rundungen, denen noch etwas
Kindliches anhaftete, schienen eben erst erwachen zu wollen. Man
hatte den Eindruck, als bedürfe es nur der Berührung einer Flaum-
feder, als brauche nur ein leichter liebkosender Windhauch diese
Brüste zu streifen, um sie aus dem Schlummer zu erwecken.
    Die alte Frau konnte der Versuchung nicht widerstehen. Sie fuhr
mit der Hand über die Spitzen dieser Brüste, die so jungfräulich-
gesund und zugleich so bezaubernd geformt waren. Hatsue sprang
erschrocken auf, als sie die rauhe Handfläche auf ihrer Brust fühlte.
    Die Frauen lachten.»

Diese Erzählung war der erste große Erfolg. Das Buch erhielt hervorragende Kritiken und erzielte nicht nur in Japan, sondern gerade auch in den USA enorme Auflagen.

«Kindai nogaku shu», 1956
Englische Übersetzung: «Five modern Noh plays», 1957
Deutsche Übersetzung: «Fünf moderne No-Spiele», Rowohlt 1958

Deutsche Erstaufführung am 18. Oktober 1958 (Zimmertheater Hamburg, Bühnen der Stadt Bremen, Kieler Stadttheater, Heidelberger Zimmertheater, Deutsches Theater Göttingen, Stadttheater Saarbrücken)

Der Südwestfunk meinte:
«Mit der hochstilisierten Formenwelt des No im 14. und 15. Jahrhundert haben die beiden Stücke des Y. Mishima nichts gemein. Hier ist weder Chor noch Tanz, noch der lyrisch-epische Lyrismus, dessen innerlicher Gestus dem Fremden zum ungewohnten Erlebnis wird. Was sich im modernen No erhalten zu haben scheint, ist der Anspruch der Phantasie zwischen Traum und Realität, eine geistige Attitüde, die die Hintergründe des Daseins sucht. Ein psychologisierendes Element steht der gängigen Vorstellung vom No entgegen. Sie wird am ehesten durch die kleine Szene («Die getauschten Fächer») erfüllt, in der eine enttäuschte Liebe ihre Zuflucht im Warten nimmt und «Haltung» zum Eigenwert macht, während die Begegnung eines Dichters mit einer Greisin («Die hundertste Nacht») den Autor nötigt, die Einheit des Ortes und der Zeit aufzugeben und durch das Mittel der Rückblende einen Lebenskonflikt hochzuspielen, der in einen esoterischen Tod mündet. Spiel I spielt sich von selbst, es hat in Xenia Pörtner eine liebenswerte junge Stimme. Spiel II verlangt größeren darstellerischen Aufwand. Hier ist Ida Ehre eindrucksvoll im Wechsel von greisenhaft-harter und jugendlich-beschwingter Sprachmelodie. Daneben wirken die Sprecher der Nebenrollen gelegentlich etwas salopp. Beide Stücke waren von Gerda von Uslar ein wenig modernistisch übertragen. Die musikalischen Illustrationen Peter Zwetkoffs geben sich pseudo-japanisch. Hans-Dieter Schwarzes Regie pinselt die Texte in den Äther, ohne ihnen wahre Anschauung von No geben zu können.»

«Kinkakuji», 1956
Englische Übersetzung: «The Temple of the golden Pavillon», 1959
Deutsche Übersetzung: «Der Tempelbrand», List 1961

«... ‹Bis einen Schritt vor die Tat hin habe ich alles vorbereitet›, murmelte ich vor mich hin. ‹Habe ich die Tat als solche vollkommen im Traume geschaut und diesen Traum vollkommen erlebt, sollte es denn nun noch notwendig sein, die Tat zu tun? Wäre sie nicht schon nutzlos?

Was Kasiwagi sagte, war wohl richtig: Was die Welt wandelt, ist nicht die Tat, sondern Erkenntnis, welche die Tat bis an die äußerste Grenze nachahmt. Meine Erkenntnis war von solcher Art. Es war eine Art von Erkenntnis, welche die Tat vollends nichtig macht. Wenn es so ist, war dann meine lange, sorgfältige Vorbereitung ausschließlich die Vorbereitung auf die letzte Erkenntnis: daß ich die Tat gar nicht zu tun brauchte?›»

«Utage no ato», 1960
Englische Übersetzung: «After the banquet», 1963
Deutsche Übersetzung: «Nach dem Bankett», Rowohlt, 1967

Über den Prozeß, in den Mishima durch Veröffentlichung dieses Buches verwickelt wurde, schrieb die «Times» 1964:

«Das Bezirksgericht Tokio verurteilte heute (28. 9.) den bekanntesten japanischen Nachkriegsschriftsteller Y. Mishima und seinen Verleger, den Verlag Shinchosha, zu einer Zahlung von £ 800 wegen Verletzung des Rechtes auf Privatsphäre in seinem Roman «Nach dem Bankett». Kläger war der frühere Außenminister Hachiro Arita (80). Herr Arita war 1959 erfolgloser Kandidat der Sozialisten für die Wahl des Bürgermeisters von Tokio. Mishima gab zu, die Erfahrung von Arita benutzt zu haben, insbesondere Details über die finanziellen Opfer, die dessen Frau auf sich nahm, um seine Wahlkampagne zu unterstützen, und die später erfolgte Scheidung der beiden, um sie als Grundgerüst mit fiktiven Namen für seinen Roman zu nutzen. Der Roman wird allgemein als eine ernste Studie angesehen, die die selbstmörderischen Aktionen eines ehemals erfolgreichen, dann ehrgeizigen Politikers erleuchtet.

Mishima, der in die Berufung gehen will, sagte nach der Verurteilung: «Dies zeigt, wie man in Japan mit Literatur umgeht. Die soziale Bedeutung von literarischen Aktivitäten wird völlig ignoriert.»

«Gogo no eiko», 1963
Englische Übersetzung: «The sailor who fell from grace with the sea», 1965
Deutsche Übersetzung: «Der Seemann, der die See verriet», Rowohlt 1970

«. . . Einen gerechten Vater kann es gar nicht geben, weil schon die Rolle des Vaters eine Form des Bösen ist. Strenge Väter, nachsichtige Väter, nette, gemäßigte Väter – einer ist so schlecht wie der andere. Sie stehen uns im Weg und versuchen, uns mit ihren Komplexen zu belasten, mit ihren unerfüllten Wünschen, ihrem Groll, ihren Idealen, ihren Minderwertigkeitsgefühlen, die sie nie jemandem anvertrauen konnten, mit ihren Sünden, ihren kitschigen Träumen, ihren Geboten, an die sie sich niemals gehalten haben, weil ihnen der Mut dazu fehlte. . . . Die Väter sind die Schmeißfliegen dieser Welt. Sie liegen auf der Lauer, bis sie an uns etwas Faules entdecken, auf das sie sich stürzen können. Dreckige Fliegen sind sie, die überall ausposaunen, daß sie mit unseren Müttern geschlafen haben. Wenn es darum geht, unsere absolute Freiheit und unser Können zunichte zu machen, schrecken die Kerle vor nichts zurück. Sie denken nur daran, die schmutzige Stadt zu beschützen, die sie sich erbaut haben.»

«Sado koshaku fujin», 1965
Englische Übersetzung: «Madame de Sade», 1967

Über die deutsche Uraufführung schrieb die «Zeit» am 8. 8. 1969: «Kommenden Sonnabend werden Zuschauer, bevor sie eine Nachtvorstellung des Hamburger Zimmertheaters betreten und zwanzig Mark je Platz bezahlen dürfen, eine ‹Erklärung› unterschreiben müssen, in der es heißt: ‹Es ist mir bekannt, daß das heute abend zur Aufführung gelangende Werk ‹Philosophie im Boudoir› von Marquis de Sade [sic] Ideen und Thesen vertritt . . ., (an denen) ich auch für den Fall, daß die Darbietung mit meinen eigenen moralischen Vorstellungen nicht vereinbar ist, keinen Anstoß nehmen werde.› . . .
Mit seinem abendfüllenden Dialogstück «Madame de Sade» hat sich Mishima als ein japanischer Albee qualifiziert. In den Gesprächen von sechs Frauen spiegelt sich der persönlich ebenso anrüchige wie historisch faszinierende Marquis de Sade auf eine dramaturgisch neuartige Weise. . . . Mishimas Dialogstück ist so souverän und

direkt zugleich, daß es auf theatralische Effekte verzichten kann. Außerdem stößt der moderne Japaner durch die Psychologie des Fleisches und durch frei variierte französische Revolutionshistorie vor zur aktuellen Thematik von gesellschaftlicher Anpassung und persönlichem Widerstand. Seine aus dem Amerikanischen übersetzte (obwohl original japanisch geschriebene) Sprache ist sachlich präzis. Poetisierende Bildhaftigkeit übersteigert sich stellenweise in schwülstige Metaphorik.»

«Hagakure nyumon», 1967
Englische Übersetzung: «On Hagakure», 1971

«Taiyo to tetsu», 1968
Englische Übersetzung: «Sun and steel», 1970

«Haru no yuki», 1969
Englische Übersetzung: «Spring snow», 1971

Dies ist der erste Band der Tetralogie «Hojo no umi» (Meer der Fruchtbarkeit), dem erzählerischen Hauptwerk aus Mishimas letztem Lebensjahrzehnt.

Die Bände, die einzeln in sich abgeschlossen sind, werden durch die Figur Honda miteinander verbunden und thematisieren die Wiedergeburt in Geschichten, die jeweils um zwanzig Jahre versetzt spielen. Vorlage dieses breit angelegten Werkes ist ein Epos aus dem 11. Jahrhundert.

Die Titel der Folgebände sind:

«Honba», 1969
Englische Übersetzung: «Runaway horses», 1973

«Akatsuki no tera», 1970
Englische Übersetzung: «The temple of dawn», 1973

«Tennin gosui», 1971
Englische Übersetzung: «The decay of the angel», 1974

Die Japanologin Irmela Hijiya-Kirschnereit beurteilt die Tetralogie so: «‹Hojo no umi› ist von Mishima als literarisches Vermächtnis geplant. Wie bei ‹Kyoko no ie› versucht er, Anschluß an die europäische Romantradition zu gewinnen, mit einer asiatischen Thematik ein japanisches Gegenstück zum Zyklenroman zu schaffen.

Doch der Versuch muß als gescheitert gelten, denn während der erste Teil noch einmal von Mishimas außerordentlichem gestalterischen Talent zeugt, verfällt er in den folgenden Bänden immer mehr in langatmige Manierismen. Die buddhistische Reinkarnation ist nur äußere Klammer, sie verleiht der teilweise bizarren Handlung keine tiefere Dimension. Allein mit der letzten Szene schwingt sich der Autor noch einmal zur Höhe seiner ästhetisch-visionären Meisterschaft auf.»

B. Werke über Yukio Mishima

John Nathan, Mishima – a biography, Boston 1974
Die erste englischsprachige Biographie über Mishima bleibt nüchtern-trocken. Die wichtigen Fakten werden genannt, bekannte Anekdoten nacherzählt.

Henry Scott Stokes, The Life and Death of Yukio Mishima, London 1975
Diese Biographie rollt Mishimas Leben vom Tode ausgehend auf. Durch die persönliche Bekanntschaft des Autors mit Mishima wird die Darstellung lebendig und lebensnah.

Irmela Hijiya-Kirschnereit, Yukio Mishimas Roman «Kyoko no ie», Wiesbaden 1976
Da es von diesem wichtigen Werk Mishimas noch keine Übersetzung gibt, ist diese wissenschaftliche Arbeit für den europäischen Leser äußerst wichtig. Man sollte sich nicht von der dürren Sprache abschrecken lassen.

dies., Mishima, Yukio; in: Kritisches Lexikon zur fremdsprachigen Gegenwartsliteratur, München 1983 ff.
Kurze, übersichtliche Biographie auf der Grundlage des literarischen Schaffens Mishimas.

Marguerite Yourcenar, Mishima ou la vision du vide, Paris 1980
Altbekanntes wurde auf Französisch aufgewärmt, neue Aspekte finden sich nicht.

Bildquellen und Legenden:

Zu diesem Buch

Hans Eppendorfer, geboren 1942 in Lütjenburg und aufgewachsen in Oberschlesien, Schwaben und Schleswig-Holstein, arbeitete bis Ende der siebziger Jahre als Redaktionsassistent und später als Chefredakteur in Hamburg. Während dieser Zeit unternahm er ausgedehnte Reisen in den Nahen und Fernen Osten mit längeren Aufenthalten in Hongkong, New York und Ägypten. Seit Ende '70 lebt er als freier Schriftsteller in Hamburg.

Im Rowohlt Taschenbuch-Verlag liegen ferner von ihm vor die Kinderbücher «Gespensterspaß» (rotfuchs Nr. 405); «. . . und der nächste folgt sogleich. Ein Streiche-Buch» (rotfuchs Nr. 384).

Von Yukio Mishima liegen im Rowohlt Verlag vor: «Tod im Hochsommer», Erzählungen; «Geständnis einer Maske», Roman (rororo Nr. 5652); «Der Seemann, der die See verriet», Roman (rororo Nr. 5823).

Hans Eppendorfer

Berührungen

**Über das Knacken normaler Männer
und andere Texte**

**Mit Photographien
von Kenn Duncan und Herbert Tobias**

Vis-à-Vis

Diese Publikation ist die erste geschlossene Sammlung mit Erzählungen des
Hamburger Schriftstellers Hans Eppendorfer. Dieses Kunstbuch ist mit 30 ganz-
seitigen Photographien von Herbert Tobias ausgestattet. Im zweiten Teil, der
Geschichten über Eppendorfers Künstlerfreunde Hubert Fichte, Jean Genet,
Herbert Tobias, Kenn Duncan u. a. enthält, wird die bisher größte geschlossene
Sammlung von Kenn Duncans Photographien präsentiert, die u. a. berühmte
Photos von Eartha Kitt, Hubert Fichte, Tina Turner, Joe Dallesandro (Andy War-
hols Filmstar) und Aufnahmen aus Aufführungen div. New Yorker Theater, u. a.
dem Pacific Ballet und dem Amer Ballet Theatre, enthalten.

Hans Eppendorfer
Berührungen – Über das Knacken normaler Männer und andere Erzählungen
Vorwort von Helmut Kentler
Kt., Großformat 27,0 cm × 22,0 cm. 80 ganzseitige Abb., 160 S., DM 39,80

MANN

rororo

Eine
Auswahl

C 2120/4b

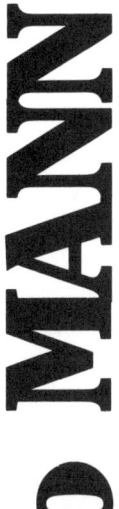

MANN

Eine
Auswahl

C 2120/4a

rororo MANN

Eine
Auswahl

C 2120/4